改訂新版

パンづくりの知識と楽しみ方が学べる

パンシェルジュ検定

3級公式テキスト

監修　ホームメイドクッキング

実業之日本社

はじめに

朝のトースト、お昼のサンドイッチ、おやつのあんパンやディナーにいただくフランスパン。そして、街には多くのパン屋が見られるようになり、今やパンはご飯とともに、日本人の生活に欠かせない存在となっています。そんなパンのことをもっと知りたい、あるいは自分で作ってみたいという方のために、「パンシェルジュ検定」はスタートしました。

パンシェルジュとは「パン」＋「コンシェルジュ」の造語です。つまり『奥深いパンの世界を迷うことなく案内できる幅広い知識を持った人』という意味。3級の入門編から2級の実践編、そして1級の専門編に分けられたこの検定は、パンを知りたい人、パンの専門家を目指す人にとって着実に身につく知識となるはずです。

入門編の3級試験では、パンの製法・器具・材料の知識はもちろん、歴史・いろいろな国のパン・衛生に関する知識・マナーなど、幅広い分野から基本的な問題が出題されます。この本はパンシェルジュ検定の3級に準拠した対策本であり、また教科書でもあります。内容をしっかり理解し、勉強することと『パンが好き』の気持ちがあれば、きっと合格するはずです。

ぜひ、合格できるよう、ご健闘をお祈り致します。

CONTENTS

第 3 章 パンの材料と道具

第 4 章 パンの製法を学ぶ

第5章 パンを作る工程

第6章 パンをおいしく食べるには

第7章 食品衛生について

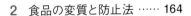

Bread Column

パンの各部分の名称

本文に入る前に、パンの各部分の名称を理解しておきましょう。

クラスト　パンの表面の焼き色がついた部分。外皮、皮ともいう。

クラム　パンの内側の中身の部分。内相ともいう。

すだち　クラム内に生じる気泡のこと。きめともいう。

骨格　クラストの強度のこと。グルテンの生成が多いほど骨格はしっかりする。骨格が弱くて、焼き上がったパンが折れてしまうことを「腰折れ」という。

第1章

パンの歴史

パンはいつ頃、どのように生まれ、
広まっていったのでしょう。
パンの誕生から、
現在の製パン法の確立、
日本への伝来までを学びます。

中東で誕生し、エジプトを経て ギリシャ・ローマへ

麦、米、トウモロコシは世界3大穀物といわれ、古代から人類に
なくてはならないものでした。なかでも小麦はほとんどの
国・地域で栽培され、小麦を原料としたパンは、
文明の発展とともに世界中に広く伝わっていきます。

古代のパン

(パンの起源)

BC8000〜7000年、人類が初めて
小麦を栽培したのは、チグリス、ユー
フラテス川からシリアを経てパレスチ
ナ、エジプトへと至る、「肥沃な三日
月地帯」と呼ばれる、メソポタミア
文化発祥の地であったといわれてい
ます。当初、人々は野生種を採取し
ていましたが、栽培できる種を見極
め、次第に栽培を始めるようになり
ました。農耕の発展とともに、小麦
の食べ方も変化していきます。初め
は小麦を石でつぶしたものに水を加
え煮炊きし、おかゆにして食べてい
ましたが、BC6000年頃、粉にして水
を加え、薄く焼いたガレットを作るよ
うになったのです。これが無発酵パ
ンの始まりといわれています。

(古代エジプト BC3200～200年)

さらにパンは古代エジプトに伝わっていきます。エジプトの地はナイル川が繰り返し氾濫していたので土地が肥沃になり、小麦栽培に適した条件も満たしていました。当時パンは命の源とも考えられており、死者と一緒にパンを埋葬することもあったようです。事実、ツタンカーメンの墓からパンが発掘されています。

小麦粉がエジプトで食べられるようになってまもなく、偶然放置されていた生地に空気中の野生酵母が付着し、発酵パンが誕生しました。当時のエジプト人は「神からの贈り物」だと考え、喜んだといわれています。

また、小麦は湿気や虫に気をつければ数年は保存がきき、農耕で量産できるので次第に富や権力の象徴のようになりました。そのため集落が生まれ、やがて国家へと発展していきました。

Bread column

「パン」とは「食べ物」そのもの。
古代ではお金と同じ役割も！

パンの語源はラテン語〝panis〟であり、これはもともと「食物」を意味する言葉でした。その後「パン」の意味に特定され、これがパンを意味するポルトガル語〝pão〟やスペイン語〝pan〟、フランス語〝pain〟となったとされています。また古代エジプトでは役人の給料として、年間つぼ360杯分のビール、900個の白パン、3万6000個の埋もれ火で焼いた普通のパンが支給されていたそう。税金もつぼ4杯分のビール、10個の白パン、400個の普通のパンとされていました。

(古代ギリシャ　BC1200〜323年)

パンはさらにエジプトからギリシャに伝わり、ギリシャ人は2つの方法による酵母種を発明しました。ひとつは粟とブドウの絞り汁をこねて混ぜ合わせたもので1年は保存がききました。もうひとつは小麦のぬかと3日間熟成させたブドウの汁によるもので、この酵母種とソーダ水をパン生地に加えると発酵しやすくなりました。その後小麦粉以外の大麦、えん麦でもパンが作られるようになりました。また、はちみつや卵、オリーブオイルやドライフルーツなどを使用した、嗜好品として楽しむパンも作られるようになりました。

パンの技術は進化を続け、粉を細かく挽く臼や、今のオーブンに近いパン焼き釜も発明され、パン職人も登場。形も丸パンから長方形、王冠の形や動物の形のものなど多様性に富み、良質のものは輸出もされました。

(古代ローマ BC753～AD476年)

製パン技術は古代ローマへ。最初は奴隷として連れてこられたギリシャ人の職人がパンを焼いていましたが、やがてローマ人のパン職人が育ち、ローマの発展とともに食文化も発展を遂げ、パンはローマ中に普及しました。大都市になったローマではパンの需要が高まり、その結果、ローマ市内だけでもおよそ250軒ものパン屋が軒をつらねるようになりました。さらにパン職人の組合、パン学校、パン工場もでき、パンの大量生産が始まったのです。

その一方で、ローマの貴族階級の人々は自分たちが食べるパンをひいきのパン職人に焼かせていました。また、自分で菓子パンや菓子生地を作ったりする食通の貴族もいました。

ローマ近郊のポンペイの遺跡からはパン用の粉を挽いたと思われる臼や、丸パンが詰まったかまどが発掘され、ここからも古代ローマのパンづくり技術の高さをうかがい知ることができます。

イタリアの代表的なパン、フォカッチャ（→ P27）の原形はこの頃に確立されたようです。これらのことから、ローマ時代に基本的な製パン技術が確立されたといっても過言ではないでしょう。

2　キリスト教とともにヨーロッパ、そしてアメリカ大陸に渡ったパン

古代ローマから、キリスト教とともにヨーロッパ全土に広まったパンは、
ルネサンス時代の文化振興の波に乗り、姿も味も洗練されていきます。
そして19世紀に入ると科学の進歩の恩恵を受け、
原料もパンそのものも大量生産されるようになります。

ヨーロッパに広まるパン

（ ローマからヨーロッパ全土へ ）

古代ローマ滅亡後には、すでにキリスト教とともにヨーロッパ全土でパンは
普及しており、製パン技術は僧院などで受け継がれていきました。
12世紀頃には富裕層の間で、ふるいにかけた粉を使用した白いパンが食べ
られていましたが、庶民は「黒パン」と呼ばれる、ふるいに残った粉で作っ
たパンを食べていたようです。製パン技術が大きく飛躍したのはルネサンス
時代の14～16世紀頃。16世紀、フランス王家とイタリアの富豪メディチ
家の婚姻の際、腕のいいパン職人やコックらが王女とともにフランスに渡り、
宮廷に仕えました。ここで、優美なフランス料理が発達、17世紀には洗練
されたフランスパンが完成されていったのです。

（ ライ麦パンの歴史 ）

一方、東欧や北欧諸国でよく食べられているライ麦パンの歴史は古く、
BC700年頃から始まったといわれています。ライ麦は寒冷な土地でもよく育
つので、ロシア、東欧、北欧では小麦にライ麦を混ぜたパンが作られるよう
になったのです。これらの寒い地方では、肉料理など脂肪分の多い食事が
中心となるので、酸味のあるライ麦パンは相性がいいというわけです。

世界中に広まったパン

(トウモロコシとアメリカ移民)

3大穀物のうちのひとつトウモロコシは1493年、コロンブスがアメリカ大陸で確認。当時現地の人々はトウモロコシの粉を焼いたものを食べていました。

その後、ヨーロッパ諸国から大勢の移民がアメリカに移住し、各々の「パン文化」を持ち込みました。それが長い年月を経て改良、融合し現在に至っています。例えばコーンミールを生地に練り込んだコーンブレッドは、簡単に焼けることから、アメリカの各家庭で作られています。決まった形や味はなく、揚げたものやピザ風、ビスケットのようなものなどさまざまです。

(科学の発達と資本主義)

19世紀中頃にパスツールがパン生地などにおける酵母の働きを解明し、その結果、酵母を工場で生産することが可能になりました。科学の発達と工業の進歩で製粉工場もでき、パンの生産は資本主義の影響もあり、ゆるやかに発達しました。

そして20世紀に入り小麦の栽培、輸送手段の発展、製パン技術の発達と工業化、設備の進歩により、さらなる大量生産ができるようになったのです。

Bread column

ドイツのパンマイスター事情

ドイツには、パン職人の国家資格制度があります。国立の製パン学校もあるほどです。「職人」に当たる資格が「ゲセレ」、「親方」に当たるのが「マイスター」です。まず「ゲセレ」を取得し、さらに「マイスター」試験に合格しないとパン屋を開業するのは難しいといわれています。

③ 日本初のパンは中国から伝わった

パンの原料・小麦は古代中国から伝わり、
最初に作られたのは蒸しパンでした。西洋のパンは、
キリスト教や鉄砲とともにポルトガルから伝えられました。

小麦伝来

中国から日本に小麦が
伝わったのは弥生時代
（BC200年頃）で、当時
の人々は粉を水でといて
焼いた煎餅のようなもの
を食べていたようです。
806年に空海によって
中国の「蒸餅」が日本に
入り、蒸しパンの技術
が伝えられました。

発酵パンの伝来

(パンはキリスト教とともに南蛮から)

発酵パンは鉄砲やキリスト教とともに16世紀、ポルトガルから伝えられました。しかし江戸時代初期になると鎖国令が敷かれて、キリスト教はもちろん、西洋型のパンを食べることも禁止となりました。パンが再び脚光を浴びたのは江戸時代末期。兵士の食糧として日持ちのする乾パンが作られるようになってからです。

（ 文明開化で本格的パン事始め ）

西洋型のパンに本格的に取り組むようになったのは明治時代から。横浜開港で、西洋人相手のパン屋ができ、フランスパン、イギリスパンなどが作られるようになりました。一方で日本人の嗜好に合ったパンの開発の動きもこの頃から始まります。

酒種で作るあんパンは1875（明治8）年に木村屋が明治天皇に献上するために考案したもの。あんパンは大ヒットし、続いてジャムパンやクリームパンなど日本人の味覚に合ったパンが次々と作られるようになりました。

戦後、パンはまたたく間に日本中へ

戦後の食糧難の時代、アメリカから大量の小麦粉が輸入され、学校給食でコッペパンが配給されました。その後、続々とパン工場ができ、パンは急速に日本に浸透し、日本の食卓になくてはならない存在にまでなりました。現在よく見かける工場と店舗の一体型のベーカリーは1970（昭和45）年頃に登場。現在では、オリジナリティあふれるベーカリーや専門性の高いベーカリーも多数見かけるようになりました。

Bread column

日本初のベーカリー物語

横浜が開港して、街には外国人経営のパン屋がいくつかできましたが、なかでもイギリス人が経営するヨコハマベーカリー（1862年創業）が繁盛。当時、横浜に住んでいた外国人居留者はイギリス人が多数を占めていたこと、さらに皮のかたいフランスパンは当時の日本人の嗜好に合わなかったことが理由として挙げられます。また、日本の親英政策もあり、横浜ではイギリスパンの人気が高かったのでした。

この流れを受け継いでいるのが、今も元町に店を構えているウチキパン。ヨコハマベーカリーで修業した打木彦太郎が1888（明治21）年にヨコハマベーカリーを譲り受け、現在に至ります。

第 1 章 練 習 問 題

問❶ 小麦の原産地はどこか。次のうちから選びなさい。

① ヨーロッパ
② 西アジア
③ アメリカ大陸
④ 黄河流域

問❷ 偶然に酵母が入ったことで発酵パンが誕生したのはどこの国か。次のうちから選びなさい。

① シリア
② ローマ
③ ギリシャ
④ エジプト

問❸ 最初にパン職人が登場したのは、どの時代か。次のうちから選びなさい。

① 古代オリエント
② 古代エジプト
③ 古代ギリシャ
④ 古代ローマ

問❹ ローマ帝国滅亡後、パンは主にどこで作られていたか。次のうちから選びなさい。

① 農家
② パン屋
③ 領主の城内
④ 僧院

問❺ ライ麦パンはいつ頃から作り始められたか。次のうちから選びなさい。

① BC1000 年

② BC700 年

③ AD100 年

④ AD400 年

問❻ パン酵母の働きを解明した人物を、次のうちから選びなさい。

① ニコラス・ルブラン

② マイケル・ファラデー

③ ルイ・パスツール

④ ロベルト・コッホ

問❼ あんパンを最初に考案したパン屋はどれか。次のうちから選びなさい。

① 木村屋

② 中村屋

③ ウチキパン

④ 山崎製パン所

練習問題

解答
解説

問❶ ------- 答え②

小麦の原産は「肥沃な三日月地帯」と呼ばれる西アジアの地域。当初は野生の小麦を採取していたが、やがて栽培するようになった。（詳細→ P10）

問❷ ------- 答え④

それまでは無発酵パンを作って食べていたが、放置しておいた生地に酵母が付着したものを焼いたところ、パンが膨らみ発酵パンが誕生した。（詳細→ P11）

問❸ ------- 答え③

古代ギリシャでは、酵母種の製法、粉を挽く臼や、パンを焼く釜の発明など、パンの技術が進化を遂げた。その際にパン職人も登場した。（詳細→ P12）

問❹ ------- 答え④

中世の時代は戦争や飢饉などが多かった時代。食糧の生産は全体的に低く、製パン技術は僧院を中心に細々と受け継がれた。（詳細→ P14）

問❺ ------- 答え②

BC700年頃、ヨーロッパで作り始めた、といわれている。ライ麦は寒い地方でもよく育つので、ロシアやヨーロッパで広く食されている。（詳細→ P14）

問❻ ------- 答え③

パスツールはワインやパンの発酵について研究、解明をした人物。1861年頃にパン酵母の研究を始めた。酵母菌の純粋培養もパスツールが最初。①のルブランはソーダの発明者、②のファラデーは物理学者、④のコッホはコレラ菌の発見者である。（詳細→ P15）

問❼ ------- 答え①

創業者の木村安兵衛と二代目英三郎が考案した。②の中村屋は1901年パン屋として創業。③のウチキパンは日本で最も古いパン屋。④の山崎製パン所は現在の山崎パン。（詳細→ P17）

第2章

パンの種類と分類

世界各国にどのようなパンがあるのか、
国による特徴を交えて紹介していきます。
また、ジャンルが幅広いパンの分類に
ついても触れています。

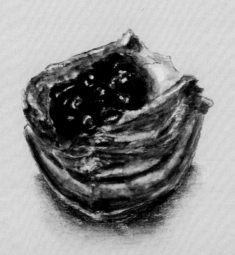

ヨーロッパ

バスケット内左から時
計回りにブール、フォン
デュ、エビ、シャンピニ
オン。カッティングボード
上にあるのはバゲット

█ █ フランス

世界の食通を魅了する料理大国・フランス。
パンもシンプルかつ洗練され、まさに小麦の芸術品といえます。

パン・トラディショネル

粉、水、塩、イーストだけで作るシンプルなパン。長さや重さによってパリジャン（パリっ子）、バゲット（杖、棒）、バタール（中間）、フィセル（紐）など、呼び方が変化します。棒状のものは皮の面積が多いため、香ばしさは倍増。これらを総称して「パン・トラディショネル」といいます。また、棒状ではなくさまざまな形にしたものには、エピ（麦の穂）、ブール（ボール）、シャンピニオン（マッシュルーム）、フォンデュ（双子）などがあり、これらは「パン・ファンテジー」と呼ばれます。生地は同じなのに、形や重さでパンの表情や味わいが変わるのが魅力です。

パン・ド・ミ

パン・ド・ミの「ミ」は中身という意味。つまり、皮のパリパリ感を楽しむバゲットやパリジャンと違って中身を食べるパン、ということです。砂糖、油脂が配合されているので、パン・トラディショネルと比較すると、ほんのりとした上品な甘みがあります。クラムはきめ細かく、生地はしなやか、かつしっかりしているのが特徴で、カナッペやサンドイッチにも向いています。

クロワッサン

もともとはウィーンが発祥の地。オーストリアがオスマントルコとの戦いで勝利し、トルコの象徴である「三日月」の形にして「トルコを食べる」という意味を込めて作ったとされています。フランスには、マリー・アントワネットとルイ16世の結婚によって伝えられた、といわれています。20世紀には現在のようなバターを折り込んだものに発展し、バターの風味と軽い食感でフランスを代表するパンになりました。バターを増やして生地の発酵を抑えるとより薄く、パイ生地に近いものになります。

パン・ド・カンパーニュ

「田舎パン」という意味。パリの近郊の田舎で作られていたパンをパリまで売りにきていた、あるいは都会の人が田舎をイメージして作った、といわれています。しかし、実際にはフランスでは地方ごとにさまざまな形、製法のカンパーニュがあります。田舎パンはもともと、天然酵母の力だけで長時間かけて発酵して焼き上げたもので独特の酸味があります。クラムの目はあらく、気泡が不ぞろいなのが特徴です。

ブリオッシュ

バター、卵、砂糖を使用した、
ふんわり膨らんだパン。17世
紀初めにノルマンディー地方で
誕生、その後パリやフランス各地
方に伝わっていったとされています。
各地方で材料の配合が変わり、いろい
ろなタイプのブリオッシュが生まれました。アル
ザス地方のクグロフはブリオッシュの変形。ソーセージなどを入れて焼き、オー
ドブルにすることもあります。コロンとした形は、中世の僧侶が座している
姿をかたどったといわれています。

パン・オ・レ

水の代わりに牛乳をたっぷり入れた、いわゆる「ミルクパン」のこと。パン・
オ・レの「レ」は牛乳の意味。ウィーンの労働者によって伝えられたといわ
れており、フランスではお菓子屋で売られていることが多いようです。ほのか
に甘く、クリーミーな風味が特徴で、生クリームを入れるとよりリッチでふん
わりとした食感が生まれます。

パン・オ・レザン

クロワッサン生地にカスタード
クリームとレーズンを巻き込み、
輪切りにして焼いたパン。ブリ
オッシュやパン・オ・レの生地
を使用することもあり、生地に
よって食感も変わります。クリー
ムのしっとり感と、レーズンの
香りと甘みが人気の菓子パンで
す。

▌イタリア

地方によって料理に特色があるお国柄で、パンも地方色豊かで個性的。
共通しているのは、トマトやチーズ、バジルなどを使った濃厚な料理に
合うよう、あっさりした塩味のパンが多いことです。

グリッシーニ

トリノ生まれの長さが20～30cmもある細い棒状のパン。二次発酵させないで焼きます。塩と小麦粉、水、オリーブオイルのバランスで、噛むほどに味に奥行きが出ます。クラッカーのような、歯ごたえのある食感が特徴で、前菜やおつまみとして食されています。表面にケシの実やゴマをつけたものもあります。ポキポキと一口サイズに折って食べるのが一般的です。

ロゼッタ

中は空洞で、外皮がカリカリして香ばしい、バラ（ロゼッタ）の形をした、ローマでは伝統的なパン。シンプルにオリーブオイルに浸して食べる方法がポピュラーですが、中にサラダを詰めてオードブルにする食べ方もあります。イタリア北部ではミケッタと呼ばれています。

フォカッチャ

古代ローマ時代から作られているイタリアの代表的な食事パン。フォカッチャとはイタリア語で「火で焼いたもの」の意味。表面にオリーブやにんにく、岩塩などを飾ります。生地にはオリーブオイルを練り込んでおり、薄い塩味なので濃い味の料理やトマトソースと相性抜群。

Bread column

北イタリアでポピュラーな
パン・チャバッタ

北イタリアのロンバルディア地方では、チャバッタがポピュラーです。チャバッタとは形が長くて平たいスリッパのこと。バターや牛乳を使わず、油脂も入らないので低カロリーでヘルシーなパンです。クラムの気泡があらく、また発酵時間が長いので、ほのかな酸味と独特の風味があります。

パネトーネ

今ではイタリアの代表的なパンとなっている、ミラノ発祥のクリスマス用発酵菓子。レーズンやオレンジピールなどのドライフルーツがふんだんに入っています。リッチで味わい深く、口の中でふんわり溶けるような食感が特徴。イーストは使わず、パネトーネ種という天然酵母を使うのが一般的。保水性・防腐性・防菌性に優れ長期保存が可能です。大きく焼いたものをスライスして食べますが小ぶりでマフィンぐらいのものもあり、こちらはパネトンチーノと呼ばれています。

パンドーロ

パネトーネと同様にクリスマスの定番菓子パン。ドライフルーツは入れずにバターや卵をふんだんに使用し、天然酵母で発酵させて作ります。生地が黄金色なのでパンドーロ(黄金色のパン) という名がつきました。食べる直前に粉砂糖をふります。星形に焼くのは、火の通りをよくするため。小さく焼いたものはパンドリーノと呼ばれています。イタリアではクリスマスには、パネトーネとパンドーロの両方を食べます。

 # ロシア

広大な大地に根付くロシアの農民。郷土へのこだわりが生んだ
独特の料理と素朴なパンは、今でも脈々と受け継がれています。

ピロシキ

酵母で生地を発酵させ、そ
の中に具を詰めた小さいパン。
基本は楕円形ですが、写真
のような丸形もあります。揚
げたものが主流ですが、本場
ロシアではオーブンで焼くの
が一般的です。路上の屋台で
も売っているロシアのファスト
フードですが、コース料理で
出る時は、ザクースカと呼ば
れる前菜として扱われていま
す。具は肉や野菜、きのこな
ど、バリエーションは豊富です。

黒パン

ずっしりと重く、酸味が強いのが特徴の、ロシアを代表するパン。粗挽きの
ライ麦が主材料なので水の浸透が悪く、発酵までに時間がかかります。焼
き上がりから 24 時間ぐらい経過した頃が食べごろです。ボルシチにはもち
ろん、薄く切ってサワークリームを塗ったり、サーモンやキャビアなどをのせ
たりする食べ方もあります。また、軽くトーストしてカリッとさせてそのまま食
べても味わいがあります。形はワンローフ形（→ P134）が多く、これは成形
（型）が難しく型に入れて焼き上げるためです。

ドイツ

噛みしめるほどに、じっくり深い風味豊かな大地の味が感じられます。
ライ麦を使うことが多いのが、ドイツのパンの特徴です。

プンパニッケル

17世紀から作られている北ドイツの伝統的な黒パン。ライ麦が8割以上の
パンで、長時間オーブンで蒸し焼きにします。長時間加熱することによって、
ライ麦と小麦のタンパク質と糖質によるメイラード反応（→P141）が起き、
独特の色と香りが生まれ、これがプンパニッケルの味の決め手となります。
ずっしりと重く、四角い形から、別名「レンガパン」ともいわれます。

ロッゲンミッシュブロート

ライ麦粉と小麦粉を混ぜて焼いたパン。ライ麦粉はグルテンを形成しないのでサワー種法で作ります。小麦粉の割合が多いとヴァイツェンミッシュブロート、ライ麦粉が多いものはロッゲンミッシュブロートと呼びます。独特の黒い色はライ麦の色。ライ麦粉の割合が多いとふっくらとはしませんが、クラムはしっとりとします。小麦の割合が多くなると酸味は弱くなり、軽めの味に仕上がります。ライ麦とサワー種の独特の香りと酸味が特徴。ドイツ全土で食べられている、ドイツパンの決定版といえます。

プレッツェル

塩味をきかせたリーン系のパン。本場のビアホールではテーブルまで売りに来るほどポピュラーです。表面をアルカリ溶液（ラオゲン液）に浸して焼くので、独特の風味と照りが出ます。プレッツェルとはラテン語が語源で「腕」という意味。ドイツではパン屋のマークに用いられることも多いパンです。

Bread
column

まだまだある！ ドイツで定番のパン

ブレッチェン
ブレッチェンとは「小さいパン」という意味で、小型の食事パンのことです。主に小麦で作られ、皮が香ばしく、凝縮された風味があります。表面に切り目やへこみをつけて、皮の面積を増やしたものもあります。

シュトーレン
クリスマスに欠かせないドイツの代表的菓子パン。クリスマスの4週間前の日曜日から作り始め、少しずつ食べていきます。この期間はアドヴェント(待降節)と呼ばれ、ドイツ人にとってはクリスマスの準備をする大事な期間です。砂糖でコーティングされ、バターやフルーツがたっぷり入ったリッチ、かつ芳醇な味わいで、最近では日本でもよく見かけるようになりました。シュトーレンの形は、赤子のキリストが毛布にくるまっている姿に似ているといわれています。

🇬🇧 イギリス

島国のイギリスでは、イングリッシュ・ブレックファースト、サンドイッチ、クリームティーなど、大陸とは異なる独自のパン文化が発達しました。

イギリスパン

起源はコロンブスの時代、開拓者のために生まれたパンという説があります。型にふたをしないで焼くので、生地が縦に伸びて山形に仕上がります。薄めに切って、両面をカリカリにトーストし、軽い食感を楽しみます。食べごろは焼き上がりから2時間ほど経過したもの。クラムはつやがあり、透き通った白色のものを選ぶのがポイントです。「ティン」と呼ばれるブリキ製の型を使って焼くので「ティンブレッド」とも呼ばれます。イギリス発祥のサンドイッチは本来、イギリスパンで作ります。

イングリッシュマフィン

小麦粉、牛乳、酵母、砂糖を入れて、専用の型に入れて焼き上げ、食べる時にもう一度トースターやグリルでこんがりと焼きます。ハムやベーコンエッグなど塩気のあるものと一緒に、主に朝食として食べられています。イギリス本国では単にマフィンと呼ばれていますが、日本ではアメリカのケーキマフィンと区別するためにイングリッシュマフィンと呼んでいます。

スコーン

スコーンはスコットランドが発祥の地。ベーキングパウダーを使用し、外側はサクッと、内側はしっとりやわらかいのが特徴。日本では、はちみつやジャムをつけて食べるのが一般的ですが、イギリスには、スコーンにデボン州の特産であるクロテッドクリームとジャムをつけて、紅茶といただく「クリームティー」という習慣があります。この習慣はビクトリア王朝の時代に上流階級の女性たちの間で広まった「アフタヌーンティー」の簡易版といえます。

Bread column

世界のパン事情①　ヨーロッパ編

パンを含めた料理の世界で、名実ともにトップを守り続けているフランスですが、実は20世紀に入り、国内のパン需要が落ち込み品質低下を危ぶむ声が高まりました。そこで1993年パンの法令が制定され、パン屋の定義や伝統的なパンの製法などについて細かく定められ、国を挙げてパン文化を守る方針を取り、現在に至ります。パンの種類が世界一多いのはドイツで、その数なんと3000種とされ、別名「パンの国」と呼ばれるほどです。またアメリカの菓子パンというイメージの強いシナモンロールですが、実は北欧発祥で、スウェーデン生まれという説が有力です。北欧では小ぶりであっさりした甘みとサクッとした食感ですが、アメリカではアイシングがたっぷりかかり、大きくて甘みもしっかり感じられるものが主流です。

✚スイス

パン作りに長い伝統があるスイスには、地方色豊かなパンが約 200 種あるといわれています。大きく分けるとドイツ語圏では黒パン、フランス語圏では白パンが主に食べられているようです。

ツオップ

スイスを中心としたドイツ文化圏でポピュラーなパン。ツオップとはドイツ語で「編み込み」という意味。昔は祝日に食べられていましたが、今では日常的に食べられています。古くは、当主が亡くなると三つ編みの形のパンを一緒に埋葬する習慣があり、後に地域の恵まれない人々にふるまう習慣に変化しました。ブリオッシュのような甘いタイプのものもあり、味のバリエーションは豊富です。

テッシーナブロート

スイスのテッシン地方のパンですが、現在はスイス全土で見かけるようになりました。焼きたてがサクサクしていて美味。主に朝食用として食べられています。もともとは油を使わないパンですが、現在スイスで作られているものは油が使用されています。

ビューリーブロート

もともとはザンクト・ガレン地方の修道院で焼かれていたパンでしたが、現在ではスイスのどこのパン屋でも見かけるように。表面はかたく、クラムはモチモチして食べごたえがあります。水分が多く日持ちしやすく、しかもコクがあります。スープやシチューに合わせるのが一般的。生地にドライフルーツなどを入れたものもあります。

■ オランダ

オランダはさまざまな人種が入り混じるお国柄。パン屋にもフランスやイタリア、またトルコなど各国のテイストが混じったパンが並びます。唯一オリジナルと呼べるのが、ダッチブレッドです。

タイガーブロート（ダッチブレッド）

オランダで最もポピュラーなパン。焼く前の生地表面に米粉、砂糖、油脂、パン酵母などを水で溶いたものを塗って表面にひび割れを作ります。この、ひび割れた模様が虎を連想させるので別名「タイガーロール」とも呼ばれています。クラムはきめ細かく口当たりが軽いので、朝食やサンドイッチに向いています。中にチーズやベーコンを入れて焼いたものもあります。

✚ デンマーク

バターたっぷりの生地をデニッシュと呼びますが、
これは「デンマークの」という意味の英語。ここでは
伝統的なデニッシュと、主食パンをご紹介します。

ダンスク・ルーブロード

デンマークの主食パン。ダンスクは「デ
ンマークの」、ルーブロードは「ライ麦
パン」の意味。オープンサンドにして
食べるのがデンマーク人の日常的な食
べ方。彩りよく、パンが見えないほど
びっしり贅沢に盛りつけて食べます。

デニッシュペストリー

左上：ティビキアス
右上：スモー・スナイル
下2点：スモー・ケア

酪農国デンマークを代表するパン。日本でも
菓子パンとして種類豊富に作られています。発
酵生地に大量のバターを折り込んでいるため、
パイのような焼き上がりになります。フィリン
グ（詰め物）やトッピング（装飾）、でき上が
りの形の違いで、それぞれに名前があります。
写真のティビキアスのティは「お茶」、ビキアス
は「白けしの実」を意味します。スモー・スナ
イルのスナイルとは「渦」の意味で、シナモンを巻き込ん
で焼く菓子パンです。スモー・ケアは直径約20cmの円形
に焼き、ケーキのようにカットして食べます。スモーは「バ
ター」、ケアは「お菓子」という意味です。また誕生日はカ
スタードやレーズン入りの「カイングラ」が定番です。

■■オーストリア

名門ハプスブルク家の繁栄とともに、豊かな食文化の中で育まれた
パンには気高くやさしい味わいが。どんな食材にも合うので、
いろいろな食べ方を楽しめるのが特徴です。

カイザーゼンメル

オーストリア産のシンプルな小形パン。現
在は主にオーストリア、ドイツで作られて
おり、どこのパン屋でも見かける、朝食
には欠かせない定番のパンです。食感は
軽く、小麦粉の特徴がよく出ています。
薄力粉を混ぜるレシピがありますが、そ
の場合はグルテンが弱くなるので、焼き
上がりはしっとりした感じになります。半
分に切って、ハムやソーセージを挟んだも
のが駅で売られているほど、現地ではポ
ピュラーなパンです。5本の切り目は皇
帝（カイザー）の王冠の形を表しています。
けしの実やヒマワリの種をのせて焼いた
ものもあります。

ザルツシュタンゲル

オーストリアの代表的なパン。生地はカイザーゼンメルと基本は一緒。ザル
ツは「塩」、シュタンゲルは「棒」という意味で、表面に岩塩をふっていること
からこの名前がつきました。生地をくるくると巻き、細長く棒状にするタイプ
と、端を曲げて三日月形にしているタイプがあります。塩が効いているので、
ビールとの相性は抜群です。

✚ フィンランド

ライ麦100%のパンが、フィンランドの「国民食」といわれます。
素朴で酸味の効いた、体にやさしい味わいは食事にも、またジャムや
はちみつ、メープルシロップなどを塗っておやつとしても美味です。

ハパンレイパ

フィンランドでは主食として、朝昼晩食
べられている平たいリング状のライ麦パ
ン。しっとりとした食感で、噛めば噛む
ほどにうま味が感じられます。全粒の
ライ麦粉を使うので食物繊維が豊富で
す。家庭ではオープンサンドにするの
が主流です。

ペルナリンプ

油脂類ゼロで噛むほどに味わい深いフィンランドの田舎パン。生地にジャガ
イモを練り込んだライ麦パンです。半球形で黒々としていますが、意外とクセ
のない味。キャラウェイシードの香りと、モチモチ感が特徴です。バターやチー
ズとの相性がいいパンです。

カレリアン・ピーラッカ

フィンランドの東部、カレリア地方のパンですが、現在はフィンランド全域で
食べられています。ピーラッカとは「包んだ」という意味。ライ麦生地を舟形
にして、中におかゆを入れて焼いたスナックパンで、軽く温めて食べます。お
かゆの代わりにマッシュポテトを入れることもあります。

中南米・北米
(アメリカ)

中南米

アメリカ原産のトウモロコシを主食とする習慣や、ヨーロッパ各地から
の移民の食生活など、さまざまな食文化が混在しています。

トルティーヤ

メキシコ地方の主食となるトウモロコシ粉を使っ
た薄焼きパン。スペイン人が入植する前から食べら
れていました。スペイン人が初めてこれを見た時、
卵料理のトルティージャに似ていたことからトル
ティーヤと呼ばれるように。チリソースと肉、野菜
など好みのものを挟んで食べるタコスが有名です。

ポン・デ・ケージョ

ケージョは「チーズ」の意味。ブラジルでは食事前のおつまみ、またはコーヒー
タイムのおやつとして食べられています。モチモチとした独特の食感は、タピ
オカ粉が入っているため。現地では家庭で気軽に作られており、ベーコンやハ
ムを入れたりもします。

🇺🇸 アメリカ

移民の国として歴史が始まり、今や世界の中心となったアメリカ。
パン文化もまた、首都ニューヨークから発信された人気商品が
そのまま世界的な流行になっています。

レーズン・ブレッド

アメリカはレーズンの産地なので、レーズン入りパンもよく食べられています。レーズンはつぶれやすいので、生地をこね終えてから混ぜます。高級なレーズンパンには、一晩ラム酒に漬けたレーズンを使います。

ホットドッグ・バンズ

フランクフルト地方のドイツ系移民によって、ソーセージがアメリカに伝えられ、そのソーセージを挟むために考案されたパン。挟んだ形がダックスフンドが舌を出している状態に似ているということから、ホットドッグと呼ばれるようになりました。ソーセージの風味を損なわない、あっさりしたシンプルな味わいです。

ベーグル

17世紀末にユダヤ人の間で食べられていましたが、アメリカにユダヤ系移民が持ち込み、発展しました。焼き上げる直前に一度熱湯にくぐらせるという製法に、独特の食感を生み出す秘密があります。

また、低カロリー、低脂肪のわりに食べごたえがあるので、ニューヨーカーたちの間でもてはやされ、日本でも食べられるようになりました。

マフィン

ベーキングパウダーを使って膨らませる菓子パン。材料を一度に混ぜて焼くという手軽さから、よく家庭で作られます。ドライフルーツやナッツを混ぜて焼くものなど、バリエーションは豊富。ケーキマフィンと呼ばれることもあります。

ドーナッツ

小麦粉、砂糖、卵、乳製品などが入った生地を、リング状にして油で揚げた菓子パン。リング状になっているのは熱の通りをよくしてムラなく揚げるため。パン酵母を使うイースト・ドーナッツとベーキングパウダーを使うケーキ・ドーナッツがあります。

インド

シンプルで香ばしく、歯ごたえ十分のパンはカレーにぴったり。スパイスの風味を最大限に引き出します。

ナン

ほのかな甘みとモチモチした食感が人気のパン。ナンとはペルシャ語で「パン類」を指し、主にインド、パキスタン、アフガニスタン、イランなどの広い地域で食べられています。ドーム形をした粘土製の釜・タンドールの内側に生地を張りつけて焼くので独特な形になります。手でちぎって肉や野菜を挟んだり、スープにつけて食べたりします。大きさは、地方によってさまざまです。

チャパティ

主にインド、パキスタン、バングラデシュ、ネパールで食べられている薄い円形の全粒粉パン。食べる直前に鉄板で両面を焼き、熱々を食べます。ナンと同様に、手でちぎってカレーや煮物を挟んだり、浸したりして食べます。主食として各家庭で焼いて食べられています。インドとその近隣諸国では米より麦のほうが安いので、3食チャパティを食べることもあります。

🇨🇳 中国

グルメ大国が生んだパンは、宮廷料理から庶民のおやつまで
幅広く食されています。食感や食べ方はさまざまですが、
生地そのものの味わいはシンプルです。

饅頭（マントウ）

小麦粉と水、パン酵母のみで作る発
酵蒸しパンで、ほんのりとした甘みが
あります。具は入らず、料理と一緒に食
べます。シンプルな味は、中華料理と相性
抜群です。同じ生地でも形が変わると名前も変わり、
花びらのようなものは花巻（ホワチュアン）と呼びます。

包子（パオズ）

饅頭の中に小豆あんや肉あん、野菜あんが入った
もの。日本では中の具材によって「あんまん」「肉
まん」と呼ばれ、親しまれています。中国ではほか
にゴマ入りなどもあり、大きさも形もさまざまです。
上海起源の小籠包（ショウロンポウ）も小包子と
表記されることもあり、このカテゴリーに入ります。

薄餅（パオピン）

無発酵の生地を、透き通るくらい薄く焼いたもの。噛みしめると少し甘みが
あり、やや弾力があります。中国の代表的な宮廷料理「北京ダック」はこの
薄餅に甜麺醤を塗り、キュウリと焼いたアヒルの皮を巻いて食べます。肉や
野菜を巻いて食べることもあります。

☪ トルコ

世界三大料理に数えられる美食の国であり、
小麦の名産地でもあるトルコは、古来よりパンを主食としてきました。
クセになる個性的な風味が特徴です。

エキメキ

高温、短時間で焼き上げる、トルコの食事パン。エキメキとはトルコ語で「パン」の意味。地方や家庭によって、味や形はさまざまですが、外はパリパリ、中はもっちりとした噛みごたえのあるものが一般的です。トマト、ナスなどが入った煮込み料理には欠かせません。また、ピタのように中が空洞になっているタイプもあり、これに具を挟んだものは、トルコの屋台で気軽に買うことができます。

☾ イラン

イランの主食はお米とパン。そう聞くと日本と同じと思えますが、
どちらも見た目も食感も、私たちが思い描くものとはひと味違います。

バル・バリ

小麦粉とイースト、塩のみでつくる、シンプルなイランの食事パン。表面はカリッと香ばしく、中はしっとりふんわりしています。そのまま食べるのはもちろん、さっぱりとした薄い塩味なので、どんな料理にも合います。具を挟んでサンドイッチのようにして食べることもあります。

中近東

遠い古代からパンを焼き続けている歴史のある中近東の国々では、今も素朴な味わいが受け継がれています。

ピタ

中近東の都市部で主に食べられているパン。歴史は古く、数千年前から食べ継がれています。オーブンで上下から高温で焼くため、中に空洞ができるのが特徴。半分に切り、中にケバブなどの具をつめて食べるのが一般的です。英語では「ポケットパン」と呼ばれ、英語圏の人々にも親しまれています。

ホブス・アラビィ

薄く焼いた平焼きパンのこと。中近東全域で広く食べられています。ホブスとは、アラビア語で「パン」の意味。生地は主に中力粉を使用しますが、コーンミールや強力粉、全粒粉などを混ぜることもあります。製法や焼き方に特別な決まりもないため、地域や部族によってさまざまなタイプのものがあります。上に肉料理や野菜料理などをのせたり、肉を巻いて食べるなど、食べ方もいろいろです。

世界のパン事情② 各国のアレンジパン

Bread column

エッグベネディクト（アメリカ）
イングリッシュ・マフィンを水平に割ってトーストし、ハムやポーチドエッグをのせてオランデーズソース（バター・卵黄・レモンなどを和えて作るソース）をかけたもの。アメリカの定番ブランチメニューです。

バルック・エキメッキ（トルコ）
近年日本でブームになった「サバサンド」の元祖ともいえるアレンジパン。バルックは魚、エキメッキはパンを表すトルコ語で、焼きたてのサバとレタス、スライスオニオンなどをパンに挟み込み、塩とレモンを振って食べます。

エチオピア

アフリカの気候風土にマッチしたパンは、スパイシーで個性的。
栄養も豊富でクセになる味わいです。

インジュラ

エチオピア人の食卓に欠かせないパン。エチオピア高原でとれるテフ（粟の
一種）で作ります。ビタミン、カルシウム、鉄分などが多く含まれていてヘル
シー。ほのかに酸味があり、手でちぎって煮込み料理などと一緒に食べます。
家庭では3日分くらいをまとめて作ります。これが上手に焼けるのがよい主
婦の条件といわれるほどポピュラーなパンです。

ダボ

ダボとはエチオピア語で「小麦粉で作ったパン」のこと。コリアンダーなど
のスパイスや、ベルベレ※を加えてスパイシーな味に仕上げるのが特徴です。

※ベルベレとは唐辛子をベースにしてニンニクやクローブ、シナモン、カルダモン、胡椒な
ど20種類近くのスパイスを混ぜたもの。日本の味噌のようなもので、シチューに入れたり、
生肉につけたり、パンに塗ったりと、いろいろな使い方をします。

5 世界各国のパンと種類 日本のパン

ご飯の国が生んだ「和食」的なやさしい味わいのパンが特徴。
副食的なおやつパンや、調理パンの種類が豊富です。

食パン・角食

「食パン」「角食」は造語。小形の四角形のものは「プルマン」と呼ぶことも
あります。なめらかで弾力があり、口どけがよいのが特徴です。食パンは日
本では主食として食べられており、日本のベーカリーにとって食パンの売れ行
きは大事な指標となっています。この数字を分析し、時代のトレンドを考慮
しながらソフト感を増したり、あるいは栄養面を重視したりと食パンの開発
に余念がありません。

あんパン

1869（明治2）年に創業した木村屋が「日本人の口に合うパンを」と、5
年もの歳月をかけて考案したのが「酒種あんぱん」。これに桜の花の塩漬け
をトッピングして「酒種桜あんぱん」が誕生しました。今では、つぶあんやこ
しあん、季節によっては栗の入ったあんが入ることも。トッピングには、けし
の実がポピュラーですが、ゴマがまぶしてあるものもあります。

コッペパン

給食などでおなじみの、細長い小形パン。食パンと同じ生地を使って作ることが多いようです。全体にやわらかく、シンプルで飽きのこない味が特徴です。そのため、焼きそばやコロッケなどを挟んだ調理パンによく使用されます。また、ジャムやマーガリンをつければおやつパンにもなることから、世代を問わず幅広く食べられています。

カレーパン

カレーフィリングをパン生地で包み、これに衣をつけて油で揚げたパン。1927 (昭和2) 年、東京の名花堂 (現在はカトレア) というベーカリーがとんカツにヒントを得て考案しました。その後、他社からいろいろな種類のカレーパンが登場し、日本中に浸透しました。現在では、焼きカレーパンをはじめ、生地や中身に工夫を凝らした個性的なものが増えてきました。外国にはありそうでない、あんパンと並ぶ日本の代表的なパンのひとつです。

甘食

卵の風味がやさしい焼き菓子風のパン。発酵はさせずに、ベーキングパウダーや重曹で膨らませます。明治時代に考案されたといわれていますが、ルーツは安土桃山時代にスペイン・ポルトガルから渡来した南蛮菓子にあるようです。独特な円錐形をしており、ソフトな甘さでロングセラーに。

チョココロネ

卵や牛乳、油脂を使用したリッチな生地を、巻貝のように円錐形にし、中にチョコクリームをつめたおやつパン。コロネの由来は、イタリア語で角を意味する「コルネ」とも、「コルネット」という楽器からともいわれています。カスタードクリームやチーズクリームなどを入れたものもあります。

メロンパン

ルーツも定義も定かではない、不思議なパン。大正時代にドイツ菓子からヒントを得て考案したという説、メキシコの「コンチャ」という菓子パンから作られたという説などさまざま。菓子パンの生地にビスケットの生地をのせて焼くという手法はドイツ菓子からきているそう。関西では「サンライズ」とも呼ばれています。

⑥ パンの分類

現在、日本では世界各国のパンが作られており、その種類は
数百に及びます。パンの分類に関しては特に統一はされておらず、
製品、国別、材料、用途などさまざまに分類されています。

「リーン」と「リッチ」

パンは使用している材料によって、「リーンなパン」と「リッチなパン」の2
種類に大別されます。

リーンなパン

リーンとは「簡素な」「脂肪分のない」という意味で、粉、水、塩、イースト
だけで作るパンのことをいいます。小麦粉本来の風味を味わうことができる
バゲットや、欧風の食事パンなどがこれに該当します。

リッチなパン

リッチとは「豊富な」「コクのある」という意味で、油脂や卵、乳製品、砂
糖などの副材料を豊富に使ったパンのことをいいます。ブリオッシュや菓子
パンのような、甘くふっくらと焼き上げたパンになります。

食事パン

（ 食パン ）

主食用のパンで、食パン型に入れて焼いたものを指します。ふたをして焼い
た角食パンと、ふたをしないで焼いた山形食パンの2種類があります。クラ
ムが主体なのでやわらかく、食べやすいのが特徴。クラストもどちらかとい
うとソフトです。
例）角食パン、山形パン

（ 堅焼きパン ）

欧風の食事パンのほとんどがこれに該当します。リーンな配合で、天板にのせずにオーブンの焼床で直接焼くものは直焼きパン（ハースブレッド）とも呼ばれています。クラストはかためでパリパリとしたものが多く、香ばしさが楽しめます。クラムは湿り気が少なめが主流。

例）バゲット、カンパーニュ

（ ロールパン ）

型に入れないで焼いた小形パン。生地を巻いて仕上げたものや、シンプルな丸形など形も大きさもまちまち。配合もリーンなものからリッチなものまでさまざまなタイプがあります。

例）バターロール（リッチ）、ロールパン（リーン）、丸パン、ブレッチェン

調理パン

パンに調理済みの加工食品をのせたり、挟んだりしたパンを指します。焼き上げたパンに調理食材を挟むタイプと、生地に調理食材を包んだりのせた後で焼き上げるタイプの2種類があります。食パンのサンドイッチは調理パンの代表になりますが、一般的にはサンドイッチ単独で分類されます。

例）焼きそばパン、コロッケパン、コーンマヨネーズパン

おやつパン

（ 菓子パン ）

間食用のパン。嗜好的で生地にも砂糖を多く配合した、あん、ジャム、クリームなどが入ったパンを指します。
例）あんパン、ジャムパン、
クリームパン、チョココロネ

（ デニッシュペストリー ）

生地に油脂を多く折り込んで作ったパン。食感はサクサクとしており、生地の上にさまざまなトッピングをしたものや、生地の中にフィリングを入れたものもあります。
例）果物のデニッシュ、クロワッサン

（ 蒸しパン ）

生地を焼かずに蒸して完成させたパン。饅頭形や三角、四角、そして上面が割れたアルプス形などがあります。
例）チーズ蒸しパン、黒糖蒸しパン

（ 発酵菓子 ）

イーストを使って作る欧風菓子。ベーキングパウダーなどの膨張剤は使用せず、イーストの発酵力を利用して作ります。

例）パネトーネ

（ バラエティブレッド ）

その国の基幹食糧としてのパンを除いたすべてのパンの総称。国によって対象は異なりますが一般的には普通の白い食パンや食卓パン以外の食事用のパンという分類で扱われています。ライ麦、トウモロコシ、雑穀、ジャガイモなどの穀類や、ひまわりなどの種子類、ナッツ類、レーズン、オレンジピールなどさまざまなものを混ぜ込んだワンローフを指すことが多いようです。

例）レーズン・ブレッド、クルミパン

世界のパン事情③

日本発！ 個性的な名前を持つパン

🍞 **Bread column**

「甘食」の誕生は明治時代に遡るといわれ、元祖は一般的に「清新堂」（東京市芝区田村町・現東京都港区西新橋）にあったパン屋が 1894（明治 27）年に売り出した「イカリ印のまき甘食」とされています。名前の由来には「甘い間食」や、「甘いビスケットを大きくした食事パン」など、諸説あります。「シベリア」も、レトロな魅力あふれる菓子パンで、明治時代後期から大正時代初期ごろに生まれ、当時はどこのパン屋でも作られていたそう。カステラ生地に羊羹や小豆あんを挟んであり、シベリアの永久凍土に見立てて名付けられたという説が有力です。

第 2 章 練 習 問 題

問❶ 粉、水、塩、イーストで作るフランスパンの総称を何というか。
次のうちから選びなさい。

① クロワッサン
② パン・オ・レ
③ パン・トラディショネル
④ クグロフ

問❷ イタリアの代表的なパン、フォカッチャの意味を次のうちから
選びなさい。

① 大地の恵み
② 火で焼いたもの
③ 神からの贈り物
④ かまどの神

問❸ ドイツの代表的菓子パンのシュトーレンはいつ頃食べるものか。
次のうちから選びなさい。

① 元日
② 復活祭
③ 建国記念日
④ クリスマス

問④ スイスのパンのツォップはどんな形をしているか。次のうちから選びなさい。

① 十字架

② 電車（四角）

③ 三つ編み

④ 山

問⑤ 北京ダックを食べる時に出てくる中国のパンを何というか。次のうちから選びなさい。

① 饅頭

② 薄餅

③ 花巻

④ 空心餅

問⑥ カレーパンの考案された年を次のうちから選びなさい。

① 1907（明治40）年

② 1921（大正10）年

③ 1927（昭和2）年

④ 1950（昭和25）年

問⑦ 「リーンなパン」とはどんなパンの総称か。次のうちから選びなさい。

① 牛乳が入ったパンの総称

② ドライフルーツなどが入ったパンの総称

③ 小麦粉、水、塩、イーストだけのシンプルな配合のパンの総称

④ 小麦以外の脱穀入りのパンの総称

練習問題

解答
解説

問❶ -------- 答え③

主にバゲットやパリジャンなどを総称。シャンピニオンも同じ生地だが、こちらはパン・ファンテジーと呼び名が変わる。（詳細→ P23）

問❷ -------- 答え②

原形は古代ローマ時代から作られている。オリーブオイルのほのかな香りが食欲をそそる。（詳細→ P27）

問❸ -------- 答え④

アドヴェント（待降節）と呼ばれる期間に作る。全体を砂糖でコーティングしているため、日持ちがよくなり長期間食べることができる。
（詳細→ P31）

問❹ -------- 答え③

ツオップはドイツ語で「編み込み」という意味。その名のとおり、生地を編み込んで作るパンである。（詳細→ P34）

問❺ -------- 答え②

薄餅は、小麦粉と水を発酵させずに薄く焼いたもの。肉や野菜を巻いたものは、屋台でも売っている。（詳細→ P43）

問❻ -------- 答え③

とんカツをヒントにしたカレーパンは、大人にも子供にも人気のパン。1927（昭和2）年に名花堂（現在のカトレア）というパン屋が考案。（詳細→ P48）

問❼ -------- 答え③

「リーン」の本来の意味は「簡素な」や「脂肪分のない」という意味。牛乳やバターが入ったパンは「リッチなパン」という。
（詳細→ P50）

第3章

パンの材料と道具

パンづくりになくてはならない主材料と、
パンにより豊かな風味と栄養を与える
副材料を学びます。
実際にパンづくりを始める前に、
それぞれの材料が持つ役割をしっかり把握して、
基本的な道具をそろえておきましょう。

① 小麦粉（主材料）

パンづくりの主役ともいえる小麦粉には、3大栄養素である
炭水化物、タンパク質、脂質がすべて含まれています。
特にタンパク質は、パンづくりに重要な性質を持っています。

小麦の構造

小麦粒は平均すると、長さ6.2mm、幅2.8
mm、重さ0.03gの小さな粒です。構造
は大きく分けると、胚乳、表皮（フスマ）、
胚芽の3つから成り、表皮と胚芽を取
り除いた胚乳部分が小麦粉になります。

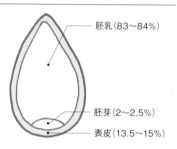

胚乳（83〜84%）

胚芽（2〜2.5%）

表皮（13.5〜15%）

小麦粉の成分

（ タンパク質 ）

小麦粉が含有するタンパク質に、グル
テニンとグリアジンというものがありま
す。小麦粉100に対して、60〜70%
の水を加えてこねると、この2つのタン
パク質が結びつき、小麦粉最大の特徴
である網目構造「グルテン」が作られます。
このグルテンが、パンを作る上で最も重
要な役目をするのです。（グルテンの働き
→ P60）

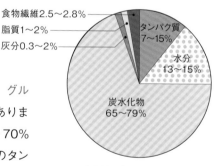

食物繊維2.5〜2.8%
脂質1〜2%
灰分0.3〜2%
タンパク質7〜15%
水分13〜15%
炭水化物65〜79%

小麦粉に含まれる成分の割合

（ 炭水化物 ）

小麦粉中の炭水化物は主に糖質でできています。その大部分はでんぷんであり、少量の少糖類も含んでいます。でんぷんと少糖類の一部は、生地を発酵する時にイーストの栄養成分として分解され、アルコールや二酸化炭素となって生地の容量を大きくし、グルテンをなめらかにします。

（ 水分 ）

小麦粉に含まれる水分は、小麦に由来するものと、胚乳をやわらかくするために製粉工程で加えられたものとの2種類があります。小麦粒がかたくなる冬季には多く、夏季は比較的少なく加水されます。

（ 脂質 ）

高エネルギー物質である脂質は、食品の風味を高めるとともに、ビタミンを運搬する働きをします。小麦中の2～4%の脂質は、ほとんどが胚芽や表皮に含まれており、挽いて小麦粉にしてしまうと1～2%程度になってしまいます。胚芽中の脂肪酸は体内で他の脂肪酸から合成できない必須脂肪酸を多く含みます。

（ 灰分 ）

灰分とはカリウムや鉄、マグネシウムなどの食品中の無機質の量のことです。灰分は脂質と同様、胚芽や表皮部分に多く含まれています。小麦粉の等級は灰分量で表されます。

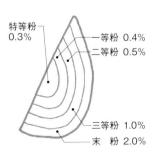

特等粉 0.3%
一等粉 0.4%
二等粉 0.5%
三等粉 1.0%
末　粉 2.0%

（ 食物繊維 ）

小麦粉には2.5～2.8%の食物繊維が含まれています。そのうち、便通をよくしたり、有害物を吸着して排出する働きをする不溶性のものは1.3～1.6%であり、血糖値の急な上昇を抑えたり、コレステロールを減少させる働きをする水溶性のものは1.2%になります。

小麦粉の性質

(グルテンの働き)

小麦粉中のタンパク質であるグルテニンは弾力に富み伸びにくく、グリアジンは粘着力が強く伸びやすい性質を持っています。小麦粉に水を加えてこねると、この逆の性質を持ったグルテニンとグリアジンが絡み合い、弾力性と粘着性を持つグルテンを形成し、生地になります。さらに生地をバンバンと叩きつけるなどの物理的な力を加えると、グルテンは小麦粉中のでんぷん粒や気泡を包み込みながら網目状の組織となり、伸展性が出てきます。

また、焼成時、生地の中心温度が85～96℃に上がると、グルテンは熱で変性して固まります（→ P140～141）。これによってパンの中にしっかりした骨格を作り、冷えても形を保ちます。

(グルテンを支えるでんぷんの働き)

グルテンを形成するタンパク質は、パンづくりに欠かせない存在ですが、炭水化物に含まれるでんぷんも、非常に重要な役割を果たしています。でんぷんはグルテンの結合を適度に阻害し、生地をなめらかにしたり、加熱の際にグルテンから水分を奪って固定させる働きをします。また、酵素によって分解されてイーストの栄養源となり、生地の膨張にも貢献しています。このようにでんぷんとグルテンは切っても切れない関係であり、どちらが欠けていても製パン性は劣ります。パンを建物に例えると、グルテンは柱であり、でんぷんは壁のような存在になります。

水や熱を加えると状態が変化する

小麦粉は加える水の量や副材料によって、さまざまな状態に変化する性質を持っています。水分の量を増やすと、ケーキのようにドロドロした生地（バッター）、減らすと、うどんのようにボロボロした生地にも変化します。小麦粉は、この特性を活かし、好みや習慣に合った幅広い料理に使われています。

水分の割合	水分や副材料	水分の加え方	使用例
60〜70%	水	こねる	パン生地
45%	水	こねる	うどん生地
同量	バター	炒める	ルー（シチューやソース）
2倍	水・卵	混ぜる	バッター（天ぷらなどに使う練り生地）
5〜20倍	水	混ぜる	糊

においを吸着しやすい

小麦粉はにおいをすぐに吸収するので、味や香りを楽しむためのフレーバーを加えるのにとても便利です。しかし、悪いにおいも吸ってしまうため、いやなにおいのする場所に置くことを避けましょう。

小麦粉に含まれる酵素

小麦粉中には数種の酵素が含まれており、なかでも重要なのは、でんぷん分解酵素のアミラーゼとタンパク質分解酵素のプロテアーゼです。アミラーゼには、でんぷんをデキストリン（やや甘みがあり、水に溶けると粘着性を出す成分）に分解する α - アミラーゼと、デキストリンを麦芽糖に分解する β - アミラーゼの2種類があります。プロテアーゼは、タンパク質を分解し、うま味成分のアミノ酸を作ります。

小麦の種類

小麦は胚乳のかたさによって硬質小麦と軟質小麦に分けられます。硬質小麦は主に強力粉に、軟質小麦は主に薄力粉に加工されます。

小麦の種類	タンパク質含有量	主な産地
硬質小麦	多い	アメリカ、カナダ、オーストラリア、日本
軟質小麦	少ない	アメリカ、日本

小麦粉の分類

小麦粉は、タンパク質の割合によって分類され、それぞれの用途によって使い分けられます。製粉時に、タンパク質の含有量が異なる小麦をブレンドすることで調整をしています。

小麦粉	タンパク質の割合	粒の大きさ	使用例
強力粉	12%前後（11.5〜13.5%）	粗粒	パン
準強力粉	11%前後（10.5〜12.0%）	粗粒	パスタ
中力粉	9%前後（8.0〜10.5%）	細粒	うどん
薄力粉	8.5%前後（6.5〜8.5%）	甚細	ケーキ

（ 強力粉 ）

タンパク質の割合が最も多い強力粉は、強じんなグルテンを作るので、パンづくりに適しています。現在流通している強力粉は、アメリカ・カナダ産のものが主で、焼くと弾力が出るため、食パンやロールパンなどに使われることが多く、菓子には向きません。最近は国内産の強力粉

も多くなってきました。輸入のものに比べてタンパク質の含有量が少ないため膨らみはやや劣りますが、しっかりした歯ごたえのパンになります。

（ 準強力粉 ）

アメリカ・フランス産のものが多く、グルテンの粘り成分は中力粉に近いため、ボリューム感よりも粉本来の風味が出るのが特徴です。焼くと表面がカリッと仕上がることからフランスパンなどのハード系のパンに向いているため、別名「フランス粉」とも呼ばれています。他の用途としては、中華麺や乾燥パスタにも使われています。

（ 中力粉 ）

主にオーストラリア産と国内産の小麦が使用されています。グルテンの性質は弱くなりますが、熱を加えるとしっとり、もっちりと仕上がることから、うどんによく使われています。また、ずっしりとした重みと噛みごたえのあるパンにも用いられます。

（ 薄力粉 ）

主にアメリカ産の小麦が使用されています。グルテンの粘り成分が少ないため、熱を加えても膨らみが悪く、パンには向きません。タンパク質の含有量が少なく繊細な仕上がりになるので、ケーキやカステラといった菓子類、天ぷらなどに使われています。

特殊な小麦粉

(小麦全粒粉)

表皮や胚芽も含めて小麦を丸ごと細挽きしたもの。小麦粉に比べると栄養価が高く、ビタミン、必須アミノ酸、食物繊維も豊富に含まれています。小麦粉の一部に置き換えてパンやビスケット、シリアル食品の材料として使われています。小麦全粒粉のみでもパンは作れますが、表皮や胚芽部分の割合が高くなると、生地中のグルテンが殻などのかたい組織で壊されてしまうため、あまり膨らまずかたいパンに仕上がってしまいます。

(小麦胚芽)

小麦胚芽に含まれる栄養素は、腸に作用し、便秘を改善する食物繊維をはじめ、ビタミンE・ビタミンB 1・ビタミンB 2・ビタミンB 6などのビタミン類、カルシウム・鉄・マグネシウムなどのミネラル類を豊富に含んでいます。小麦胚芽はグルテンの粘りを切ってしまうため、小麦粉の5割以上の量を加えるとパンが膨らまなくなってしまいますが、1割程度の割合で加えると、風味が増し、おいしいパンが作れます。

(デュラムセモリナ粉)

デュラム種の小麦を粗挽きした小麦粉のこと。短縮して「セモリナ粉」とも呼ばれています。超硬質で黄色いのが特徴であり、ほぼすべてのパスタの原料に用いられています。デュラム種の小麦はグルテンの性質が他の小麦と異なるため、パ

ンには向きませんが、その独特の風味を活かし、小麦粉の一部に置き換えて
ピザやフォカッチャの生地に使われることがあります。

小麦粉以外の粉

（ ライ麦粉 ）

ライ麦粉の魅力は、独特な酸味と甘みにあるで
しょう。ライ麦を丸ごと挽いた粉で、食物繊維、
鉄分、ビタミンB群、リンなどが豊富に含まれて
いるヘルシーな食材です。ライ麦粉はグルテンを
形成しないため、小麦粉のパンに比べ、膨らみ
やしっとりとした食感は欠けますが、密度が高く
水分の抜けが少ないので日持ちします。日本人の
好みに合ったライ麦パンは、小麦70%に対して
ライ麦を30%程度配合するのが好ましいでしょ
う。

（ 米粉 ）

米を製粉したものが米粉です。主にうるち米やも
ち米から作られています。パンづくりの際に小麦
粉に混ぜると、もちっとした食感になることから、
ベーグルやあんパンの生地などに使われます。米
粉には、グルテニンとグリアジンが入っていない
ため、米粉のみで作ったパンはグルテンが形成さ
れず、膨らみの少ないずっしりと重いパンになり
ますが、小麦アレルギーの方には、こういった米
粉のパンや菓子が喜ばれています。

酵母は発酵し、パンを膨らませる
重要な役割を担っています。
パンづくりには、
なくてはならない材料です。

酵母とは？

酵母は、適度な温度と湿度の条件下で発酵をする真菌です。糖分を栄養分
とし、水分に触れることによって活動を始めます。パンづくりで使用する主
な酵母は、イースト（→ P68 ～ 69）と天然酵母（→ P70 ～ 71）です。
イーストの場合、低温では休眠しており、30 ～ 50℃くらいで最も活動が盛
んになります。また、熱に弱く、60℃に達すると死滅してしまいます。酵母
は生き物であり、常に新鮮なものを使う注意が必要です。保存は冷蔵庫が
原則で、0 ～ 3℃、高くても 10℃以下が好ましいでしょう。室温にそのまま
放置すると、呼吸作用によって発熱し、発酵力が減少してしまいます。

発酵のしくみ

発酵とは、酵母の活動によって生じる一連の変化と現象です。活動中の酵
母は生地内のショ糖やでんぷんを自らが持つ酵素によってブドウ糖や果糖に
分解します。それを主な栄養源として体内に取り込み、炭酸ガス、アルコール、
有機酸などを生成して排出します。生地が発酵中に膨らむのは、この炭酸ガ
スの働きであり、発酵独特の酸味のある香りは、アルコールや有機酸が放
つものです。

酵母の働き

(発酵をして糖分を分解する)

酵母を発酵させると、パン生地中の糖分（小麦粉の中にある糖、副材料として加えられた糖、および小麦粉中の破損でんぷんから出てくる糖）を分解して炭酸ガス（二酸化炭素）、アルコール、エステルなどを発生させます。

(炭酸ガスが "ふっくら" のポイント)

炭酸ガスは小さな気泡となって、生地中に形成されたグルテンの膜に包み込まれます。そして、温度が上がると膨張し、生地全体を内側から押し広げてパン特有の内相や食感を作り出します。

炭酸ガスは、パン生地をつぶしても、途中でガス抜きをしても、何度でも発生します。オーブンで焼いている時にもまだ膨らんでいます。生地を加熱することで生地中の炭酸ガスの気泡が膨張して、さらに大きくなるのです。やがて加熱によって酵母は死滅し、グルテンやでんぷんは固化して膨張が止まり、ふっくらとボリュームのあるパンになります。

イースト

イーストは糖蜜と呼ばれる砂糖液を栄養分とした培養液で、純粋培養された酵母です。1g の生イーストの中には、約 100 億〜 200 億個のイーストの細胞が存在します。パンづくりに適した酵母として、多く利用されています。

イーストの種類

（ 生イースト ）

生イーストはイーストの原形といえるでしょう。ネーミングのとおり「生もの」なので、冷蔵保存で 2 週間程度の保存期間が一般的です。そのため、頻繁にパンを作ることのない家庭では不向きです。生イーストは菓子パンやブリオッシュのように、砂糖を多く使う生地に使用すると発酵が早くなるため、パン屋では重宝されており、製パン業界で最もポピュラーな酵母です。インスタントドライイーストの代わりに生イーストを使う場合は、3 倍の量で仕込みます。

（ ドライイースト ）

ドライイーストは生イーストを乾燥させ、水分を抑え、長期保存を可能にしたものです。インスタントドライイーストよりも粒が大きく、球体をしています。使う前に予備発酵する必要がありますが、インスタントドライイーストとは違う、小麦本来の香ばしい香りや味が引き立ちます。

（ インスタントドライイースト ）

インスタントドライイーストはドライイーストを使いやすく加工・改良したものです。顆粒状でサラサラしているため、直接小麦粉と合わせて使うこともできるほか、イースト液を作る際にも水に溶けやすくて便利です。このように扱いやすいことから、家庭用のパンづくりでは最も多く使われています。

（ ドライイーストの予備発酵 ）

❶ドライイーストの量の約5倍※の温水
（40 ～ 42℃）を用意します（ここで使用す
る温水は、材料の分量に含まれます）。

※予備発酵に使用する温水の量はメーカーにより異な
る場合があるので、パッケージの記載に従って下さい。

❷①に温水の約5％の砂糖を加えて溶か
します。

❸イーストが1カ所に固まらないように静
かに②に入れ軽く混ぜて溶かします。

❹約20分間放置すると、発酵によってブ
クブクと泡が浮き上がってくるので、よく混
ぜて溶かします。

Bread
column

ドライイーストの
保存法

ドライイーストは開封後、密封して冷蔵庫で
保管し、半年くらい保存できます。また、あ
まり使わない時は密封して冷凍保存すること
も可能です。古くなったドライイーストが使え
るかどうか判断するには、2～3倍の量のぬ
るま湯と、少量の砂糖を入れてしばらく放置
し、プクプクと泡が出てきたらまだ発酵の機
能が失われていない証拠です。

天然酵母

天然酵母（自然発酵種）は、果物、小麦粉、ホップの実などを培地とし、そこに存在する菌を培養して作る酵母です。添加物が一切入っていないため、体にやさしい素材として注目を集めています。

天然酵母は温度にとても敏感です。特に高温には弱く、60℃を超えると死滅してしまうので、取り扱いの温度には十分気をつけましょう。

天然酵母の種類

天然酵母は、原料（培養するもの）によってさまざまな種に分類されます。作るパンによって、風味や素材が活きるものを選んで使いましょう。ここでは、ほんの一例を紹介します。

（ サワー種 ）

主にライ麦パンに使われる発酵種です。サワー種には乳酸菌が生きており、雑菌の繁殖を抑えて酵母の住みやすい環境を作っています。

（ ルヴァン種 ）

全粒粉に存在する菌を起こして作るのがルヴァン種（ルヴァンシェフ）です。全粒粉だけではなく、ライ麦粉を混ぜて種を作る場合もあります。これを使うと酸味、甘み、香りのバランスが絶妙なフランスパンができます。イーストよりは発酵力が弱く、ややベタついたパン生地になります。

（ 酒種 ）

酒と同様に米と麹を使って発酵させた種である酒種は、現在ではあんパン以外のさまざまなパンにも使われています。表皮が薄く柔軟でやさしい口当たりが特徴です。また、食欲をそそる麹の香りや、糖分を多く含むためパンの老化が遅いことなども、利点として挙げられます。

（自家製酵母）

穀物や果物と水を密閉容器に入れて発酵させると、自分でも酵母を作ることができます。下の表以外にも野菜、花、葉（ハーブ）なども酵母として使用できます。

酵母名	原料	発酵力	特徴	適したパン
レーズン種	レーズン＋糖分	イーストに比べやや弱い	レーズンの風味とやさしい甘みがある	ドライフルーツと相性がよい
ホップ種	ホップ＋米麹	比較的安定	軽い苦みとアルコール臭があり、味は淡泊	シンプルなパンに適している
果実種	果物＋糖分	やや弱い	果物の香りとほのかな甘み	菓子パンなど
ヨーグルト種	ヨーグルト＋強力粉＋糖分	強い	さわやかな酸味	フランスパン、カンパーニュ

Bread column

手軽でおいしい！
市販の天然酵母

最近ではドライタイプの天然酵母が、手軽に購入できるようになりました。代表的なものとして、ホシノ天然酵母（小麦粉、米、酵母、麹が原料）、白神こだま酵母（世界自然遺産指定地域内で監督官庁の許可を得て採取した腐葉土が原料）などがあります。

3 水（主材料）

パンづくりにおいて水は不可欠な存在です。
すべての工程で水は重要な役割を持ち、素材たちに働きかけます。

水の役割

・生地温度を調節する

生地の温度は、パンの出来を大きく左右します。水の温度を調整することで、生地を発酵しやすい温度にすることができます。

・グルテンを作る

グルテンは、水がないと生成されません。また、状態を見ながら水分量を調整することによって、生地のかたさを決めることができます。

・イーストの働きを促す

糖を水に溶かすことによって酵素を生み出し、イーストの働きを促します。

・でんぷんに吸収される

水は焼成の際にでんぷんに働きかけ、膨張させてパンをふっくらと仕上げます。

・砂糖・塩などの溶剤となる

砂糖や塩を水に溶かして加えることで、他材料に伝播しやすくします。

パンづくりに重要な水分量

パンづくりに失敗する理由として多く挙げられるのは、「水分量を間違えてしまった」ということです。では、水が多すぎたり少なすぎたりすると、生地と仕上がりはどう変わってくるのでしょうか？

下の表を参考に、水分量を間違えないように気をつけましょう。

作業内容	ちょうどよい水分量	水の量が少ない	水の量が多い
生地作り	しっかりとツヤのある生地ができ上がる	生地温度が上がりやすくなり、かたい生地になる	生地温度が上がりにくくなり、やわらくベタついた生地になる
発酵	ふっくら張りのある生地	生地が切れやすく、まとまりにくい	生地がベタつく
焼成後	焼き色、大きさ、切り口、すべて良好	小さくていびつなパンになる	膨らまず、形が不均一になる
食感	クラスト、クラムともに、口当たりがよく、味わい深いパンになる	クラストはかたく、クラムはパサつく	ベッタリ、もしくはボソボソしている

Bread column

日本の水道水は、パンづくりに適した「軟水」

水は、水中に含まれるミネラル（カルシウムとマグネシウム）量によって「硬水」と「軟水」に分けられます。世界保健機構（WHO）の基準によると、水1ℓ中に溶けているミネラル量が120ml以上が硬水、120ml未満は軟水とされています。日本の水道水の硬度は平均して50～60ml／ℓであり、ほぼ全国的に軟水です。軟水にはグルテンをよく引き出す効果があり、日本の水道水はパンづくりに適しているといえます。一方の硬水にはグルテンの引き出しを緩やかにする作用があり、またアルカリイオン水は発酵を妨げるためパンづくりには不向きです。

④ 塩（主材料）

塩はパンの味の決め手になる素材であることはもちろん、
製造段階においては"縁の下の力持ち"のように、
地味ながらも大切な役割を果たしています。

塩の役割

・酵母の活動を遅らせる

塩の持つ吸湿性によって生地中の水分を引き寄せ、酵母の活動を遅らせる働きをします。よって、塩を過度に入れると酵母の活動が抑えられてボリュームが出なくなり、塩を入れないと早く発酵しすぎてプカプカした生地になります。

・生地中のグルテンを引き締める

生地中のグルテンを適度に引き締めて強固にし、発酵の際にできた炭酸ガスの保持力をよくします。これによって、ゆるみがちな生地に弾力を持たせるほか、すだちも細かくなりパンの内相色を白く見せます。

・雑菌や阻害物質の抑制と繁殖防止

雑菌などの繁殖を防ぎ、長時間発酵の際にも異常発酵による異臭の原因を取り除くほか、小麦粉中に存在する酵母作用を阻害する物質を抑制して酵母を守ります。

・味を整える

塩はパンに風味を与えます。塩を入れずに作ったパンは風味の薄い味になってしまいます。

・焼き色をよくする

塩は糖の消費を遅らせる働きをするため残糖が発生し、これがパンの焼き色をよくします。

塩の種類

塩はさまざまな種類が流通されていますが、大きく精製食塩と天然塩（自然塩）の2つに分けられます。どちらを使っても問題ありませんが、天然塩の一種である粗塩はミネラルやにがりを豊富に含んだまろやかなうま味で、パンのおいしさを引き立ててくれます。

精製食塩、天然塩のいずれも空気中の湿気をよく吸収する性質を持っています。湿気を含んだ塩は重量が増加するので、同じ10gを計量しても、乾燥した状態の塩と湿気を含んだ塩とでは成分に違いが出てきます。そのため、パンづくりに使用する塩は、よく乾燥させて品質を一定にしてあるものがよいでしょう。

また、フライパンでサッと空煎りしてから使用すると、湿気による重量や塩分の差、製品の味にムラがなくなり、サラサラとして使いやすくなります。

塩を加えずにパンを作ると？

パンづくりの時に塩を入れ忘れてしまったらどうなるでしょう？

まず、生地作りの段階で異常にベタつく生地になり、そのまま発酵までもっていくと、普段よりも生地は膨らみますが、生地のつながりが弱いため、ガス保持力が少なくすぐにしぼんでしまいます。そうしてゆるみとベタつきのあるままの生地で成形（型）しようとすると、二次発酵でも膨らみはしますが、釜伸びが悪く、焼成の際に焼き色もつきません。こうして焼き上げたパンは、塩味はもちろん、パン独特の風味もなくなっています。

反対に塩を入れすぎてしまった場合は、生地に伸展性がなくなり、小さく縮まる上、発酵にも時間がかかります。焼き上がったパンはかたく、風味よりも塩分を強く感じてしまい、とてもおいしいとはいえません。

5　砂糖（副材料）

砂糖は甘味料として周知されていますが、パンづくりにおける砂糖の
役割はそれだけではありません。パンのしっとり、ふっくらを
引き出して保持してくれるのは、実は砂糖なのです。

砂糖の役割

・酵母の栄養源

砂糖は発酵の際に酵母の栄養源になります。小麦粉に含まれている少量
のラフィノース（1.2％）は生地中で直接発酵しますが、砂糖は酵母が持つ
酵素によって炭酸ガスとアルコールに分解されないと酵母に関与できません。
分解された炭酸ガスは生地を膨張させ、アルコールはグルテンを軟化させて
香ばしい香りを生みます。砂糖が最も効果的に働く使用量は全体の5〜
6％であり、それ以上でもそれ以下でも、膨張効果は弱くなります。

・パンに甘みをつける

あんパン、バターロール、スイートロールなどのように、甘みを出す目的で多
めに入れたり、少量を隠し味として使ったりします。

・老化を遅くする

砂糖の保湿性がしっとり感を与え、パンをやわらかく保持します。

・パンに焼き色をつける

生地を焼成すると黄金褐色の焼き色がつきますが、この色は焼成の温度や
時間だけでなく、砂糖から生成されるキャラメル（カラメル）も手伝っています。

パンに合った砂糖選び

パンづくりに使う砂糖は基本
的に上白糖です。グラニュー糖
はクセがないので香り高いパン
にも適します。洗双糖、ブ
ラウンシュガーはミネラルを含
みコクがあるので、好みに合わ
せて使用しましょう。

砂糖(糖)の種類	主原料	特長	使用する主なパン
上白糖	原料糖	クセのない甘さ	パン全般
グラニュー糖	サトウダイコン	スッキリと淡泊な甘さ	シナモンロール、ハーブ入りパン
三温糖	粗糖、糖蜜	特有の風味と強い甘さ	ベーグル
きび砂糖	黒糖	苦みやアクを取り除いたソフトな甘さ	蒸しパン
ブラウンシュガー	サトウキビ	サトウキビ本来のやさしい甘み	天然酵母パン、ベーグル
黒糖	サトウキビの搾り汁	特有の風味とコク	黒糖パン、黒糖蒸しパン
はちみつ	花の蜜	コクのあるまろやかな甘み	カンパーニュ、ライ麦パン
洗双糖	サトウキビ	ビタミン・ミネラルを含む自然の甘さ	天然酵母パン

砂糖を入れすぎるとどうなるか？

パンづくりにおける砂糖の量は小麦粉の5%程度が適量とされており、20%
を超えると酵母の活動を抑制します。あんパンや菓子パンのように、適量の
約5倍にあたる25〜30%の砂糖を使用する場合、甘みを増す、老化を遅
らせる、口当たりをよくするという利点もありますが、浸透圧の上昇によって
酵母の活動を阻害するほか、上に釜伸びしにくくなる、表面が焦げやすくなる、
などの欠点も出てきます。砂糖を多く入れるパンを作る場合は、イーストの
量も比例して増加させる、発酵時間を長くする、耐糖性のイーストを使用す
るなどの工夫をしましょう。

油脂（副材料）

パンの風味を増し老化を遅らせる働きをする油脂は、
食パンやバターロールには欠かせない存在です。

油脂の役割

・パンの老化を遅らせる

水分の蒸発を防ぎ老化を遅らせる効果があります。

・生地の伸展性をよくする

ガス保持力を強めて、釜伸びをよくし、パンの容積を大きくします。

・成形（型）しやすくする

油脂を生地に加えると可塑性（力によって形を変え、その形を保持する性質）
が高まるので、めん棒をかけやすくなるなど、成形（型）がしやすくなります。

・パンをやわらかくする

クラムとクラストをやわらかくし、きめ細かくツヤのあるパンに仕上げます。

・風味をよくする

特徴のある香り、味、風味を添加し、口当たりをよくします。

・生地の潤滑剤になる

焼成後のスライスがしやすくなります。

油脂を加える時の注意点

・ペースト状で使用する

油脂は常温の状態で使用しましょう。かたすぎたり熱を加えて液体にしてしまったりすると、うまく粉となじまなかったり分離してしまったりする可能性があります。

・イーストと油脂を一緒に混ぜないこと

油脂はイーストの表面をコーティングして活性を損なう性質があるので、イーストと一緒に混ぜないように気をつけましょう。

・油脂を加えるタイミング

ある程度、生地をこねてグルテンが形成された頃合いがよいでしょう。広げた生地のグルテンに沿って油脂を塗り、練り込むことで、こねる時間を短縮し、よりグルテンを強化させます。

・適当な使用量

食パンの場合、小麦粉の 3 〜 6% が適当な使用量です。それ以上加える場合は、生地の温度と発酵温度に注意しましょう。15% の油脂を加えるバターロール、60%の油脂を加えるブリオッシュなどは、ボリュームは劣るものの、しっとりした口当たりになり、逆にまったく油脂を加えないフランスパンは、歯ごたえのある仕上がりになります。

油脂の保存方法

油脂は、酸化防止のために、冷蔵庫で保存しましょう。まとめ買いした際には、密封して冷凍することもできますが、賞味期限に関係なく早く使うほうが、豊かな風味を楽しめます。また、においを吸い取りやすい性質を持っているので、香りの強い食材と一緒に置かないようにしましょう。

油脂の種類

（ バター ）

牛乳に含まれる乳脂肪を濃縮して固めた、動物性油脂がバターです。無塩（食塩不使用）と有塩の2種類がありますが、パンづくりには風味があってクセの少ない無塩のバターを使います。有塩バターを使う場合は、レシピ内の塩の分量を減らして調整しないと、塩分が強くしょっぱいパンになってしまいます。

クロワッサンやデニッシュなどを作る時には、シート状のバターを薄く伸ばした生地に折り込んで使うことで、生地と生地の間の油脂が溶け出し、一枚一枚の層に分かれてサクサクッとした食感に焼き上がります。

（ ショートニング ）

無味無臭の植物性油脂であるショートニングは、クセがなくバターよりもあっさりとした仕上がりになるため、幅広く使われています。また、焦げずにツヤを出す性質を持っているため、パンの表面に塗ったり、型焼きのパンの場合はパンの型離れをよくするために型の内側に塗ることもあります。

(マーガリン)

マーガリンとは、大豆油、コーン油を原料とした植物性油脂で、19世紀頃のフランスでバターが不足した時に、バターの代用品として発明されました。栄養価、風味、コクなどはバターに劣りますが、バターより安価なところから、菓子パンなどによく使われます。食用油脂含有量が80%以上あるものをマーガリン、80%未満のものはファットスプレッドと分類されます。

(ラード)

ラードは豚の脂を精製した動物性油脂で、豚脂ともいいます。独特のコクがあり、パンに使うとサクサクとした仕上がりになります。しかし、安定性に欠ける、日持ちがしないなど、家庭での扱いはやや手間がかかるため、パンづくりにおいてはラードをショートニングに置き換える傾向が強いようです。

(サラダオイル、オリーブオイル)

植物性油脂であるサラダオイルとオリーブオイルは、フォカッチャやピザなどによく使われています。サラダオイルは比較的クセもなくしっとりとパンを仕上げ、オリーブオイルは独特の風味を醸し出します。これらの油脂は液体なので、代用する場合はレシピ内の水分量を減らして調整しましょう。

乳製品（副材料）

乳製品はしっとりリッチなパンを作りたい時に大活躍する副材料です。
牛乳や脱脂粉乳はパンの質だけではなく栄養価もアップさせます。

乳製品の役割

・栄養の強化

栄養価の高い乳製品を使用することで、タンパク質と無機質成分が増大します。

・焼き色の向上、トースト性を高める

乳製品に含まれる乳糖が焼き上がったパンの表面でキャラメル（カラメル）
化することでよい焼き色をつけます。同原理でスライスした際のトースト性も
よくなります。

・老化を遅らせる

油脂の分散性をよくし、でんぷんと結合して老化を遅くします。

・味、香りをよくする

乳糖の甘みが加わることで風味が増します。

・発酵を遅らせる

脂肪分がグルテン膜をコーティングすることによって、発酵を遅らせます。

・生地をゆるめてボリュームを抑える

乳糖と脂肪分が生地をゆるめる働きをするため、クラムがやわらかくきめが
均一のパンになります。

乳製品の種類

(生乳)

牛やヤギの乳を搾ったまま、何も加工を行っていないものが生乳です。牛乳などの乳製品の原料となるものですが、日本では乳等省令という法律などにより、殺菌をはじめとするいろいろな検査をすることが義務付けられているため、生乳自体が販売されることはありません。

(牛乳)

生乳を加熱殺菌したものが牛乳です。無脂乳固形分8.0％以上、乳脂肪分3.0％以上という規定があり、水やミネラルなどの添加物を混ぜたり、成分を除去することは一切禁じられています。この規定を満たさず、生乳や乳成分を加工して作られたものは加工乳と表記され、牛乳とは別のものとして分類されます。牛乳も他の乳製品と同様に、パンに入れると栄養価を高める、焼き色をよくするなどの利点があります。

(スキムミルク（脱脂粉乳）)

全乳を凝縮して乳脂肪と水分を除いたものがスキムミルクです。タンパク質、カルシウム、乳糖などを豊富に含んでおり、栄養価が高く保存性がよい製品です。牛乳に比べて長期保存が可能で場所を取らないスキムミルクは、乳製品の中でもパンづくりに使いやすい素材ですが、以下のような点には注意しましょう。
・湿気を吸いやすいため長時間空気にさらさず使用する直前に用意する。
・水に溶かすとダマになりやすいので、小麦粉や砂糖などの粉類と合わせておく。

(ホエイパウダー)

ホエイパウダーとは、良質の栄養素を含んだホエイ（乳清）といわれる牛乳の水溶成分を粉末化したものです。水溶性のタンパク質や乳糖、水溶性ビタミン、ミネラル分をたっぷり含んでいます。栄養価が高く、優れた製パン性があります。

牛乳の殺菌法

牛乳は私たちの手に届くまでに細菌が繁殖しないように必ず加熱処理されています。現在日本で行われている牛乳の殺菌法は次のようなものです。

殺菌法	温度	時間	特徴
低温保持殺菌法	62～65℃	30分	まろやかで甘みのある、牛乳本来の味を残した殺菌法。乳酸菌などの体に有益な菌を活かすことができる。
高温短時間殺菌法	72～75℃	15秒	ヨーロッパでは最も一般的な殺菌法。生乳の成分変化を最小限にとどめ、有益な菌（乳酸菌など）も活かせる。
超高温殺菌法	120～140℃	1～3秒	日本で最も多く使われている殺菌法。有益な菌も含めぼぼすべての菌が死滅し、品質を長期間維持できる。

※温度と時間は、メーカーによって異なるため概ねの目安です。

乳製品が焼き色を向上する原理

牛乳に含まれる糖質はほとんどが乳糖（ラクトース）です。乳糖は酵素（ラクターゼ）によってガラクトースとグルコースに分解されますが、パン生地中にはその酵素が存在しないため、乳糖はそのまま生地に残ります。この残糖（乳糖）は熱が加わることによってキャラメル（カラメル）化し、色付きをよくします。

乳製品の保存方法

新鮮な乳製品は味も香りもよいですが、賞味期限が短く、非常にデリケートな食材です。保存の際には以下の点に注意しましょう。

・牛乳、生クリームなどは腐敗しやすいので必ず冷蔵庫で保存する。
・周囲のにおいを吸収しやすいため、密閉容器で保存し、香りの強いものを側に置かない。
・スキムミルクやホエイパウダーなどの粉乳は、湿気を吸うとダマになりやすく、カビの原因になるので、開封したまま放置しない。

Bread column

殺菌乳と無殺菌乳

乳には「殺菌乳」と「無殺菌乳」があります。無殺菌乳とは、まったく殺菌をしていない乳のことで、いろいろな菌が含まれているため、日本では販売が禁じられています。しかし、フランスやイタリアでは、濃厚で味わい深い「無殺菌乳」を使用したチーズが製造されており、その輸入は日本でも認められています。

8

卵（副材料）

卵はパン生地に添加すると風味や食感を向上させます。
また、焼成前にパンの表面に塗ってツヤを出す時にも使います。

卵の構造

卵は卵殻、卵白、卵黄からできています。そ
れぞれの栄養素や特徴は下記のとおりです。

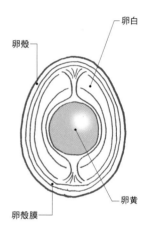

卵白 ─
卵殻 ─
卵殻膜 ─
卵黄 ─

（ 卵白 ）

卵白は全体の57％を占め、タンパク質、ナ
トリウム、カリウムなどを含みます。卵白に
含まれるタンパク質は、熱によって凝固する
ため、卵白を多く添加したパンは焼き上がり
がかたくなります。

（ 卵黄 ）

卵黄は全体の32％であり、タンパク質、脂質、鉄分、ビタミンAなど、多
くの栄養素を持っています。パン生地に入れると、卵黄に含まれているカロ
チノイド色素を利用した着色機能によって、食欲を増す焼き色がつきます。

卵の役割

・栄養面の強化

卵には、必須アミノ酸を含む良質なタンパク質の他、ビタミンA、鉄、カル
シウムなどのミネラルも豊富に含まれており、「完全栄養食品」と呼ばれるほ
ど、栄養価のバランスがよい食品です。そのため、卵を添加したパンは当然、
栄養面が強化されます。

・食感と風味を改善し、ツヤを出す

パン生地に卵を加えるとまろやかな風味が得られ、クラムは食欲をそそるやさしい黄色になり、クラストはこんがりとツヤのある黄金褐色になります。ブリオッシュやバターロールなどの仕上げとして、表面にハケで卵黄を塗るのも、焼き色とツヤを引き出すためです。

・老化を遅らせる

卵黄に含まれる脂質の一種であるレシチンは、乳化性と老化を遅らせる働きを持っています。そのため、卵を添加したパンはふんわりとボリュームがあり、日にちがたってもやわらかさを保ちます。

配合での注意点

・小麦粉100に対して30％以上の全卵を加えると生地のつながりが悪くなるので、その場合は卵黄のみを使用しましょう。

・生地作りの際には卵をしっかり溶いてから加えないと、卵黄がゲル状に固まって残ることがあります。

・卵を添加して発酵時間が長く生地温が高くなると、タンパク質の変性で異臭が出ることがあります。

・釜伸びがよくボリュームも出るので、分割の重量や仕上発酵の時間には十分注意しましょう。

・クラストに焼き色がつきやすいため、クラムの焼成不足に気をつけましょう。

9

その他の材料

ドライフルーツ、ナッツやチーズなど、パンのバリエーションを広げる副材料を紹介します。これらは、主にパンのトッピングやアクセントに使用します。

フルーツ類

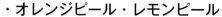

・レーズン

ブドウを干したもの。甘みと酸味のバランスが整っているため、レーズンパンなどに使用します。

・ラム酒漬けレーズン

レーズンをラム酒に漬け込んだもの。風味がよいため、シナモンロールをはじめ、さまざまなパンや菓子に使われています。

・オレンジピール・レモンピール

オレンジやレモンの皮を砂糖で煮つめたもの。甘酸っぱい香りを活かすため、クグロフやデニッシュなどに使用します。

・ドライフィグ

イチジクを乾燥させたもの。ハード系のパンにクルミやナッツとともに入れたり、砂糖煮にしてデニッシュにのせたりと、幅広く使えます。

ナッツ類

・クルミ

食物繊維、ビタミン B1、ビタミン E、ビオ
チン（ビタミン H）、鉄分、ミネラルなどが
豊富に含まれているため、健康食品として
も注目されています。また、歯ごたえと風
味がよいので、砕いてトッピングに使ったり
します。

・アーモンド

香ばしさが特徴のアーモンドは、皮ごとロー
ストしたものをトッピングしたり、薄皮を湯
むきして砕いたものをスライスし、菓子パン
の表面に散らしたりして使います。

チーズ

・ナチュラルチーズ

原料乳の水分を抜きながら熟成させたもの。おろしてパン生地に練り込むハー
ドチーズや、パンのフィリングやトッピングに使用するクリームチーズなどが
あります。その他にも、ナチュラルチーズを 2 〜 3 種類ミックスしたシュレッ
ドチーズは、ピザによく使われます。

・プロセスチーズ

ナチュラルチーズを加熱して加工したもの。主にバラエティパンやフランスパ
ンのフィリングに使われます。スライスチーズはサンドイッチの具としてもお
なじみです。

ハーブ・スパイス

・ローズマリー

地中海沿岸地方原産のシソ科に属するハーブです。乾燥させたものをフォカッチャの生地に練り込んだり、調理パンのアクセントに使ったりします。

・けしの実

別名、ポピーシードとも呼ばれます。細かな粒で香ばしい香りを持つけしの実は、パンの表面などにトッピングして使います。加熱するとさらに香りが増します。

・シナモン

中国南部からベトナムあたりの熱帯に生育するクスノキ科の常緑樹の樹皮で、特有の芳香を持ちます。シナモンロールなど、砂糖を多く使ったパンに使用すると甘さを引き立てます。

・黒ゴマ、白ゴマ

栄養価が高く日本人になじみ深いゴマは、パンづくりでも活躍します。黒ゴマは食パンの生地に練り込んだり、サツマイモのパンのトッピングにしたりします。白ゴマはコーンミールの代わりにイングリッシュマフィンの表面にまぶすなどして使います。

パンの膨らみを助ける添加物

(ベーキングパウダー)

炭酸ガスを発生する重曹が含まれた膨張剤です。主に甘食や蒸しパンなど、ふんわりとした菓子パンを作る時、イーストの代わりに使用します。発酵の手間がないため、初心者にも手軽で失敗も少ないでしょう。イーストを使用したパンのようなもっちり感はなく、フワフワしたやさしい口当たりに仕上がります。アメリカのケーキマフィンやスコーンに使われます。

(モルトシロップ)

麦芽を使ってでんぷんを糖化させたシロップです。モルトエキスとも呼ばれます。フランスパンのように砂糖を添加しないパンに 0.2 ～ 0.3％加えることで、発酵を促進させて生地の状態をよくし、焼成時に焼き色をつけます。また、香りをよくする効果もあります。

(モルトパウダー)

発芽した大麦または小麦を、乾燥させて粉にしたものです。粉末モルト、モルトフラワーとも呼ばれます。パンに添加した時の効果はモルトシロップと同様ですが、添加量が少量ですみ、長期保存が可能なので便利です。

(ビタミンC)

ビタミンCはパン生地のグルテンに働きかけ、ガス保持力を強化して釜伸びを助けるため、すだちのよいパンにします。小麦粉の 0.6％を加えると効果を発揮します。家庭でフランスパンを作る時などに便利です。

パンづくりに必要な基本の道具を紹介します。
これらの道具は菓子材料店やデパートなどで入手できます。

準備と計量

・デジタルスケール

材料の計量や、生地を平等に分割する時に使います。少量のイーストや塩、粉や仕込み水まで対応できるよう、0.1g～3kgまで計量可能なデジタルのものが適しています。

・プラボウル

プラスチック製のボウル。軽くて扱いやすいため計量時に便利です。

・温度計

季節によって温度調整が必要な仕込み水や、発酵の際の生地の温度を測ります。50℃まで対応できて、デジタルパンメーターなどの先の尖ったものを選ぶと、生地にさせるので便利です。ガラス製のアルコール温度計よりも、ステンレス製のデジタル温度計のほうが、割れる心配もなく手入れしやすいでしょう。放射温度計も使い勝手がよく、最近ではユーザーが増えているようです。

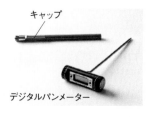

キャップ

デジタルパンメーター

温度計

生地作り

・ステンレスボウル (写真①)
ステンレス製のボウル。熱伝導性が高いため発酵に適しています。湯せんで発酵する場合は 21cm と 24cm など、2 種類の大きさを用意しておくとよいでしょう。

・ラップ (写真②)
発酵やベンチタイムの時に生地が乾かないようにかけます。クロワッサンやデニッシュを作る際、バターシートを伸ばしたり、保存するのにも便利です。

・こね杓子 (写真③)
パンの生地作り（ビーディング）に使用します。ヘラ部分に丸い穴が開いているので、抵抗が少なく混ぜやすくなっています。

・キッチンタイマー (写真④)
ベンチタイムや発酵などの時間を計ります。

・こね台 (写真⑤)
生地をこねる、伸ばす、寝かす、成形（型）するなどに使用します。少し重みのあるほうが、力を入れる作業でも動かず使いやすいでしょう。

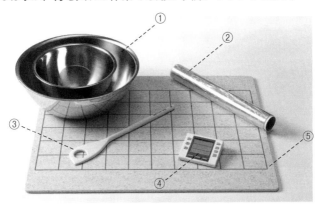

分割・成形（型）・仕上げ

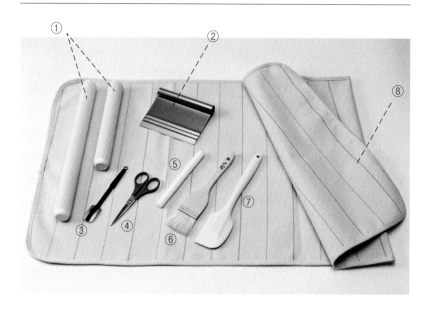

・パン用めん棒（大・小）（写真①）

つるりとしためん棒と、凹凸があって生地がつかないガス抜きめん棒があります。作るパンによって大きさや種類を変えると成形（型）がスムーズです。

・スケッパー（写真②）

主に生地の分割に使用します。生地を切り分けたり、台についた生地をこそぎ取るのに適しています。また、メロンパンのすじをつける時にも使います。

・クープナイフ（写真③）

生地の表面に切り目を入れるためのナイフです。バゲットやカンパーニュなどの成形（型）時に使用します。

・はさみ（写真④）

生地に大きめの切り込みを入れる時に使用します。中の具に焦げ目をつけたい調理パンは、切り込みの中に具を入れてから焼成します。

・ブレッチェン棒（写真⑤）

手のひらサイズの小さくて細い棒です。ブレッチェンの山や、あんパンのヘソづけなどに使用します。

・ハケ（写真⑥）

焼き上げたパンをコーティングする時、使用します。グラズール※やアプリコットジャムのシロップ（照りを出す）などはかためのハケ、溶き卵はやわらかいハケが適しています。

※砂糖を水や溶かしバターなどで溶いた糖衣のこと。パンの表面に塗るとシャリシャリした食感になります。アイシングともいいます。

・ゴムベラ（写真⑦）

クリームの煮上げなどに使用します。クリームをきれいに削ぎ落とす時や、手入れの面を考えて、シリコン製のものを選ぶとよいでしょう。

・キャンバス（写真⑧）

ベンチタイムに生地が乾かないように上からかけたり、成形（型）時にマットとして使用します。風を通さず乾燥を防ぐ、木綿の厚手のものが適しています。

・型

焼き型が必要なパンの成形（型）時に使用します。食パンケース、イングリッシュマフィン用、パウンド型、ブリオッシュ型など、種類豊富にあります。型には生地がつかないように油脂を薄く塗ってから成形（型）した生地を収めます。

食パンケース

焼成

・オーブン（ガス・電気）

パンの焼成に使用します。温度調整機
能や専用モードがあるタイプは発酵にも
使えます。予熱ができて250℃くらいま
で上昇するものがよいでしょう。

・オーブンシート
・クッキングシート

成形（型）したパン生地がくっつかない
ように、天板に敷いて使います。型焼き
のパンの場合、クッキングシートを型の
中にセットすることもあります。

・網

焼き上がったパンの粗熱をとる時に使用
します。大きめで高めの足がついている
ものだと、風通しもよく熱がこもりません。

あると便利な機械

・フードプロセッサー

パン生地を数分でこね上げるため時間
が大幅に短縮できます。多めの生地や、
やわらかい生地もあっという間にでき上
がります。野菜やフルーツのみじん切り
や、ペースト作りにも便利です。

・発酵器

密閉度が高く温度調整もできるので、家
庭でも簡単に発酵させることができます。

Bread column

進化する
ホームベーカリー
にも注目

材料を投入すれば、自動でこね・発酵・焼成し
てくれるのがホームベーカリーの魅力です。焼き
上げるパンも食パンだけでなくパン・ド・ミやフ
ランスパンなど、多種類のパンを作れたり、う
どんやパスタ生地、もちも作れる機能もありま
す。パンづくり初心者だけでなく、プロの料理
研究家も含めた幅広いパン愛好家のファンが増
えているそう。

問**❶** 小麦の構造で約 84％を占める、主に小麦粉となる部分はどこ
か。次のうちから選びなさい。

① 表皮

② 胚芽

③ 胚乳

④ 麦芽

問**❷** パンの材料で、入れ忘れるとパンに焼き色がつかない原因とな
るものを、次のうちから選びなさい。

① 塩

② バター

③ 水

④ 卵

問**❸** 酵母の栄養源となる材料を、次のうちから選びなさい。

① 砂糖

② 卵

③ 塩

④ 牛乳

問**❹** 卵黄に含まれる脂質の一種であるレシチンの働きはどれか。次
のうちから選びなさい。

① 発酵を助ける

② 香りをよくする

③ 酸味を出す

④ 老化を遅らせる

問❺ 油脂とイーストと一緒に混ぜないようにするのはなぜか。次の
うちから選びなさい。

① イーストが油脂の風味を消してしまうため
② 油脂がイーストの活性を損なうため
③ 分離してしまいパン生地がまとまらないため
④ 焼成時に焦げやすくなるため

問❻ 生地の分割に使う道具はどれか。次のうちから選びなさい。

① はさみ
② めん棒
③ スケッパー
④ クープナイフ

問❼ 焼成に使用するオーブンは何℃まで上昇可能なものがよいか。
次のうちから選びなさい。

① 250℃
② 200℃
③ 180℃
④ 170℃

練習問題

解答
解説

問❶ -------- 答え③

小麦の構造は大きく分けると、約84%の胚乳、約13.5%の表皮（フスマ）、約2.5%の胚芽の3つから成り、胚乳部分が小麦粉になる。（→詳細P58）

問❷ -------- 答え①

塩を入れずにパンを作ると、ゆるみとベタつきのある生地になり、釜伸びが悪く、焼成の際には焼き色もつかない。（→詳細P75）

問❸ -------- 答え①

砂糖は酵母が持つ酵素によって、炭酸ガスとアルコールに分解され、酵母の栄養源となる。（→詳細P76）

問❹ -------- 答え④

卵黄に含まれる脂質の一種であるレシチンは、乳化性と老化を遅らせる働きを持っている。そのため、卵を添加したパンはふんわりとボリュームがあり、日にちがたってもやわらかさを保つ。（→詳細P87）

問❺ -------- 答え②

油脂にはイーストの表面をコーティングし、活性を損なわせる性質がある。（→詳細P79）

問❻ -------- 答え③

スケッパーは生地を切り分ける、台についた生地をこそぎ取るなどの作業に適している。成形（型）や焼成前の仕上げの際に、はさみやクープナイフで生地に切り込みを入れることはあるが、これらは分割の道具としては基本的に使用しない。（→詳細P94〜95）

問❼ -------- 答え①

フランスパンやドイツパンなど240℃前後で焼成するパンもあるため、パンづくりには予熱ができて250℃くらいまで上昇可能なオーブンが適している。（→詳細P96）

第 4 章

パンの
製法を学ぶ

時代によって、またパンの種類に合わせて
さまざまなパンの製法が、生み出されてきました。
それぞれの製法の特徴を理解し、
作りたいパンに最適な製法を知りましょう。

① ストレート法

材料を一度にすべて混ぜる、最もシンプルな製法です。

ストレート法の特徴

全材料を一度に混ぜて生地作りをするストレート法は、別名「直こね法」とも呼ばれています。作業工程が少ないので、家庭でのパンづくりや、ホームベーカリー（P97）で多く用いられています。

長所

・中種法（→ P104 〜 105）と比べて作業時間が短い
・小麦の風味が活かせる
・発酵に場所を取らず、発酵時間も短くてすむ
・でき上がったパンは弾力があり、もっちりとした食感が出る

短所

・原材料や工程の影響を受けやすい面を持っている
・他の製法に比べてやや老化が早い

ノーパンチ法

発酵時間にかかわらずパンチしない製法を「ノーパンチ法」といいます。パンチしないことで、時間が短縮される、生地へのダメージが減る、すだちが均一でソフトな食感のパンに仕上がる、などの利点が挙げられますが、風味はやや劣ります。

ストレート法の工程と注意点

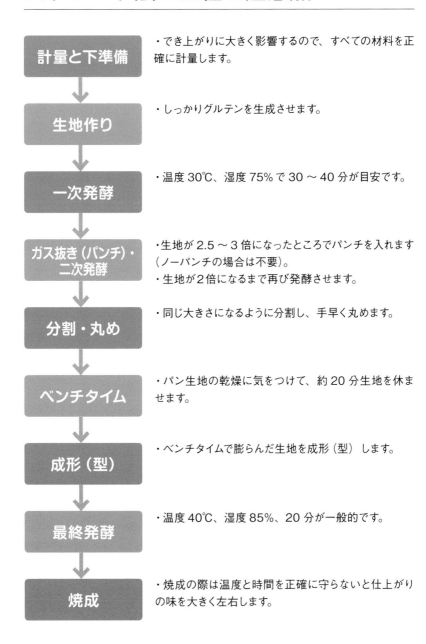

工程	注意点
計量と下準備	・でき上がりに大きく影響するので、すべての材料を正確に計量します。
生地作り	・しっかりグルテンを生成させます。
一次発酵	・温度 30℃、湿度 75% で 30 ～ 40 分が目安です。
ガス抜き（パンチ）・二次発酵	・生地が 2.5 ～ 3 倍になったところでパンチを入れます（ノーパンチの場合は不要）。 ・生地が 2 倍になるまで再び発酵させます。
分割・丸め	・同じ大きさになるように分割し、手早く丸めます。
ベンチタイム	・パン生地の乾燥に気をつけて、約 20 分生地を休ませます。
成形（型）	・ベンチタイムで膨らんだ生地を成形（型）します。
最終発酵	・温度 40℃、湿度 85%、20 分が一般的です。
焼成	・焼成の際は温度と時間を正確に守らないと仕上がりの味を大きく左右します。

② 中種法 (発酵種法)

材料の一部を中種として使うことで、ボリュームがあり老化の遅い、
ソフトなパンに仕上がります。

中種法の特徴

材料の 50% 以上の粉に水とイーストを加えて混ぜた発酵種 (中種) を作り、
これを発酵させてから残りの材料と合わせて混ぜる製法。この製法は 1950
年代にアメリカで開発されました。中種のことを「スポンジ」と呼んだことか
らスポンジ法とも呼ばれています。角食や菓子パンに向いているため、日本
における大手製パン会社のほとんどが採用している製法です。

長所

・ボリュームのあるソフトなパンに仕上がる
・作りすぎた生地を中種として利用できる
・機械耐性があり、材料や作業工程の影響もほとんど受けない
・老化が遅い

短所

・工程時間が長くかかる
・作業にあたって大きなスペースが必要になる

オーバーナイト中種法

冷蔵庫で一晩 (10 ～ 15 時間) 寝かせて中種を低温発酵させる方法です。生
地を冷やすことで作業性がよくなる折り込み生地や、油脂類が多く含まれた
クロワッサンなどのパンに適しています。酸味が出やすいため、温度や衛生
面での管理が必要です。

中種法の工程と注意点

計量と下準備	・材料の中から、一部の量の小麦粉、水、イーストを用意します。 ・中種に使用する小麦粉は 50% 以上とします。
中種作り	・こね上げて中種とします。
中種の発酵	・常温で 30 分～ 2 時間以上発酵させます。 ・「低温発酵（オーバーナイト中種法）」の場合は、冷蔵庫で 10 ～ 15 時間かけて発酵し、16 ～ 24 時間以内に使用します。低温発酵は生地がゆるみやすいため、混ぜる段階で中種をややかために作っておきます。
本生地作り（本ごね）	・中種に残りの材料を加え混ぜます。 ・ボウルでひとまとめになったらこね台に出して叩きつけ、グルテンをしっかり引き出します。
一次発酵	・1～2時間程度が目安です。 ・中種が本ごねの生地を手助けするため、中種の量が多いほど一次発酵の時間は短くなります。
ガス抜き（パンチ）・二次発酵	・生地が 2.5 ～ 3 倍になったところでパンチを入れ、その後生地が 2 倍になるまで発酵させます（ノーパンチの場合は不要）。
分割・丸め	・同じ大きさになるように分割し、手早く丸めます。
ベンチタイム	・パン生地の乾燥に気をつけて、約 20 分生地を休ませます。
成形（型）	
最終発酵	・温度 38℃、湿度 85%が一般的です。
焼成	・しっかり焼くことで、パンに深い風味が出ます。

ライ麦粉と水から種を起こし、数日かけて熟成酸化させる製法で、主にライ麦パンを作る時に用いられます。

サワー種法の特徴

サワー種法はライ麦粉をおいしく食べるために考案された製法であり、ドイツパンには欠かせません。ライ麦粉にはペントサンという多糖類が多く含まれているため、吸水性が高くベタつきやすい性質を持っています。また、ライ麦粉で作った生地はグルテンを形成しないのでパンに使用するとあまり膨らみません。あらかじめ熟成させておいたサワー種を配合することで糖類の働きを低減させ、しっとりとした風味豊かなパンになります。

長所

・ライ麦の栄養価を豊富に含むパンになる
・酸味と香りが強く風味豊かなパンに仕上がる

短所

・サワー種を作るまでに数日間かかる

サワー種法の種類

一段階法、二段階法、三段階法、短時間法、デトモルト一段階法、デトモルト二段階法、モンハイマー加塩法などがあります。いずれも段階を重ねるごとに、酵母、乳酸菌、その他の菌類が増加し、それによってパンに必要な膨らみや酸味が加わることで、味わい深いパンに仕上がります。

サワー種法の工程と注意点

種起こし
・ライ麦に同量の水を加え、温度管理などをしながら数日かけて発酵させます。

種つぎ
・起こした種の内側のよい部分のみを取り出し、同量の水と粉を加えてよく混ぜ、さらに24時間発酵させます（これを何回か繰り返す）。
・種つぎは5回までが限界です。6回目以降は他の菌の影響で性質が変わってしまうので使わないようにしましょう。

初種（アンシュテルグート）
・完全に発酵したら冷蔵庫で保存し、その日のうちに仕上げ種を作ります。

サワー種仕上げ
・一段階法（アンフリッシュザワー）の場合
　初種（アンシュテルグート）にライ麦粉と水を加え発酵させます。
・二段階法（グルントザワー）の場合
　アンフリッシュザワーにライ麦粉と水を加え発酵させます。
・三段階法（フォルザワー）の場合
　グルントザワーにライ麦粉と水を加え発酵させます。

本生地作り
・サワー種のみでは膨らみにくいため本生地作りの際にイーストを併用します。
・サワー種は微量の副材料にも影響を受けやすいため、砂糖や塩などは水に溶かしてから加えます。

一次発酵

成形（型）
・大きな丸形のまま、クープ（切り目）を入れるのが一般的です。

最終発酵
・長時間発酵させると「ペントザン」の影響で膨らみにくくなるため、短時間で発酵させます。

焼成
・他の種のパンよりも高温で焼き上げます。

④ ポーリッシュ法（発酵種法）

中種法ほど労力や設備をかけずに、老化の遅いパンを作れます。

ポーリッシュ法の特徴

19世紀前半にポーランドで誕生したポーリッシュ法は、粉の20〜40%に、同量の水とイーストを加える製法です。「液種法」「水種法」などの別名が表すとおり、水分量が多いため種生地がやわらかく、発酵が早く進みます。

長所

・液種の製造と管理が簡単
・パンの容量が大きく老化が遅い
・時間、スペース、労力を節約できる
　さまざまなパンに対応できる

短所

・水分が多いため、衛生面に注意が必要
・乳製品を添加しないと風味に欠ける

ポーリッシュ法の工程と注意点

計量と下準備
・ポーリッシュ種用の粉をふるっておきます。
・酵素の発生を妨げるため、ポーリッシュ種に塩は入れないようにしましょう。

ポーリッシュ種作り
・材料の 20 ～ 40％の粉、同量の水 (ぬるま湯)、イーストを加えて混ぜます。

ポーリッシュ種の発酵
・ラップをかけて 27℃で 2 ～ 24 時間発酵させます。
・発酵を長くとる場合はイーストを少なくし、低温で行います。

本生地作り
・十分に発酵して膨らんだ生地が沈む「種落ち」が起きたら、残りの材料とポーリッシュ種を合わせて混ぜます。

一次発酵
・水分が多く発酵しやすいため、時間を短めにとります。
・温度 27℃、湿度 85％がベストです。

分割・成形 (型)
・ハード系のパンは丸めて籐籠などに入れ、そのまま最終発酵します。

最終発酵
・24℃で 1 時間～ 1 時間 30 分発酵させます。

焼成
・釜入れしてから 4 ～ 6 秒スチームをあてるとクラストがよく仕上がります。

第 **4** 章

パンの製法を学ぶ

5 その他の発酵種法

材料の一部であらかじめ発酵させた種を作り、残りの材料を合わせて本ごねをする製法です。中種法、サワー種法もこれに当てはまります。

老麺法

イーストを使って作った中種を一晩かけて低温発酵させたものを老麺といいます。これを 10 ～ 20% 新しい生地に混ぜて使う製法が「老麺法」です。別名「古生地法」と呼ばれており、独特な酸味と甘みの 2 つの味ができるのが特徴です。このかすかな発酵風味がパンに独特の味わいを与えます。イースト由来の安定した発酵力を持つため、微量のイーストを追加したい時なども、老麺を使うと生地になじみやすくて便利です。管理がやや難しく、誤ると酸味臭が出たり生地がベトつきやすくなったりするので、適度な温度管理が大切です。

老麺法に適したパン
食パン、菓子パン、フランスパン、中華まん、黒パンなど。

加糖中種法

中種に砂糖を加えて発酵種を作る方法です。中種に全糖量の 14 ～ 20%の砂糖を添加しておくことで、耐糖性を強くし、イーストの活性化を下げずに発酵することを目的としています。パン生地に 20 ～ 30% の砂糖を使う菓子パンなどに向いています。

アンザッツ法

前もって生地（小麦粉、水、酵母）だけを軽く混ぜ、30 ～ 40 分発酵させてから、残りの材料を合わせる方法で、発酵に 1 時間～ 1 日かかる中種法や加糖中種法に比べて短時間で作業できます。卵、乳製品、バターなどの副材料を豊富に入れるリッチなパンに向いています。

100%中種法

全分量の粉を使って中種を作る方法です。パンのボリューム、食感、風味は改善されますが、中種の管理や生地の温度調整などはやや難しくなります。

問❶ すべての材料を一度に混ぜて生地作りをする製法を何というか。
次のうちから選びなさい。

① ポーリッシュ法
② アンザッツ法
③ ストレート法
④ 100% 中種法

問❷ サワー種法とは、何をおいしく食べるために考案された製法か。
次のうちから選びなさい。

① 小麦粉
② ライ麦粉
③ 米粉
④ トウモロコシ粉

問❸ ポーリッシュ法の工程の中で、本生地作りの合図となる、十分
に発酵して膨らんだ生地が沈む現象を何というか。
次のうちから選びなさい。

① パンチ
② リッチ
③ 中落ち
④ 種落ち

問❹ 「老麺」とは何か。次のうちから選びなさい。

① 老化（劣化）した小麦粉を使って作ったパン生地
② パン生地を麺のように細く伸ばしたもの
③ 天然酵母を使って作った中種を発酵させたもの
④ イーストを使って作った中種を一晩かけて低温発酵させたもの

問❺ 　発酵種法とはどのような製法か。次のうちから選びなさい。

　① ２種類以上の酵母を使って発酵させる製法

　② ３回以上発酵させる製法

　③ 材料の一部を発酵させて種を作り、その後残りの材料を合わせて本ごねをする製法

　④ 他よりも発酵温度を高く設定する製法

問❻ 　スポンジ法の長所のうち、正しくないものはどれか。
　次のうちから選びなさい。

　① ボリュームのあるソフトなパンに仕上がる

　② 工程が少ないため、作業時間が短くすむ

　③ 機械耐性があり、材料の影響をほとんど受けない

　④ 老化が遅い

問❼ 　ポーリッシュ法で、風味を出すために添加する材料を、次のうちから選びなさい。

　① 乳製品

　② 卵

　③ 砂糖

　④ 塩

問❶ -------- 答え③

「ストレート法」は、別名「直こね法」とも呼ばれ、全材料を一度に混ぜて生地作りをする工程の少なさから、家庭で多く用いられている製法である。(→詳細 P102)

問❷ -------- 答え②

「サワー種法」はライ麦粉をおいしく食べるために考案された製法。ライ麦粉は「ペントサン」という多糖類を多く含み、吸水性が高くベタつきやすい性質を持つため、熟成させた「サワー種」を配合して糖類の働きを低減させる。(→詳細 P106)

問❸ -------- 答え④

十分に発酵して膨らんだ生地が沈む「種落ち」が起きたら、残りの材料と中種(ポーリッシュ種)を混ぜる合図である。
(→詳細 P109)

問❹ -------- 答え④

老麺を 10〜20% 新しい生地に混ぜて使う製法が「老麺法」であり、独特な酸味と甘みが特徴である。(→詳細 P110)

問❺ -------- 答え③

本ごねの前に、あらかじめ材料の一部を発酵させて作る種を発酵種という。サワー種法や中種法も発酵種法のひとつである。
(→詳細 P104 〜 111)

問❻ -------- 答え②

スポンジ法とは中種法の別名。一度中種を作ってから本生地作りをするので、ストレート法と比べて工程に時間が長くかかるのが短所である。(→詳細 P104)

問❼ -------- 答え①

ポーリッシュ法でパンを作る場合、乳製品を添加しないと風味に欠ける。(→詳細 P108)

第 5 章

パンを作る工程

ここでは第4章で学んだ製法のうち、
基本となるストレート法を用いて
丸パンの作り方をベースに、工程を説明します。

① 正確に計量する

パンを作るとき「目分量」はタブー。ふくらみが悪くなったり、逆に
膨らみすぎてやがてしぼむなどの原因になります。
正確な計量法と、仕上がりの個数などを調整したいときの
計算法について説明します。

基本の丸パン・レシピ

工程① 計量

材料を正確に
計量する

材料 (8個分)

強力粉……250g	無塩バター……15g
塩……5g	水…………160g
砂糖……8g	ドライイースト……5g

材料を計量する

塩や砂糖など、ちょっとした誤差でパンの出来を大きく左右する材料もあり
ます。計量には、できるだけデジタルスケールを使用しましょう。

・デジタルスケールの使い方

平らな場所に置き、メモリを「0」に合わせて
から計量します。材料をボウルに入れて計量
する場合は、空のボウルをのせた状態でメモ
リを「0」に合わせてから、ボウルに材料を入
れて量ります。

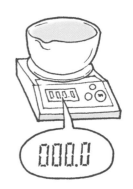

ベイカーズ・パーセント

パンのレシピには、すべての材料の分量が g で表示されていることがよくあります。これは、材料の大半を占める粉の分量を 100 とし、その他の材料の分量をパンの配分率によって計算しているためです。この配分率をベイカーズ・パーセントといいます。レシピに書いてあるパンの個数と、自分の作りたい個数が違う時、レシピにある分量からベイカーズ・パーセントを割り出して、作りたい個数に必要な材料の分量を計算することができます。

$$\text{知りたい材料の分量} \div \text{粉の分量} \times 100 = \text{ベイカーズ・パーセント (\%)}$$

では、基本の丸パンを例にとって計算してみましょう。

小麦粉	（ 250 ÷ 250 × 100 ）	＝	100%
塩	（ 5 ÷ 250 × 100 ）	＝	2%
砂糖	（ 8 ÷ 250 × 100 ）	＝	3.2%
無塩バター	（ 15 ÷ 250 × 100 ）	＝	6%
水	（ 160 ÷ 250 × 100 ）	＝	64%
ドライイースト	（ 5 ÷ 250 × 100 ）	＝	2%

\ 知ってトクする！ /

パンづくりの**常識**
○×クイズ

第1問 材料を量るとき、計量カップや大さじ・小さじを使ってもいい

パンのレシピでは材料の単位はほとんどが g（グラム）表示。それに対して計量カップや大さじ・小さじの単位は ml（ミリリットル）であり、これらは本来液体を量る道具なので小麦粉や粉末調味料などを量るには不向きです。パンを作るとき、特に砂糖や塩などは、少量でも仕上がりを左右する重要な材料なので、必ずデジタルスケールで正確な分量を量りましょう。

調味料・食材	小さじ1(5ml)	大さじ1(15ml)
塩	5g	16g
イースト	3g	9g
バター	4g	13g
上白糖	3g	9g
グラニュー糖	4g	13g

大さじ・小さじで計量した時の
ml と g の関係値

生地作りで大切なことは、温度と時間の管理です。またひとつひとつの工程を丁寧に行うことで、グルテンをしっかり引き出しましょう。

基本の丸パン・レシピ

工程② 生地作り

材料を混ぜてよくこね、グルテンを引き出す

材料を混ぜる

(材料の下準備)

手際よく進められるように、まずは材料の下準備から始めましょう。

・無塩バターは常温に戻しておく
生地の温度を下げないため。また、やわらかくしておくと生地にもなじみやすくなります。

・水温は適温に調整しておく
水の温度は温度計で必ず測り、季節によって調整しましょう。春・秋は約30℃、夏は約10℃、冬は約45℃が適温です。

・ドライイーストは水に溶かしてイースト液にする（ドライイーストの予備発酵→P69）
インスタントドライイーストを使う場合、イースト液は放置せず、作ってから5分以内には投入しましょう。

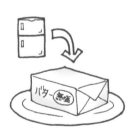

（ 混ぜ方 ）

❶大きめのボウルに粉、塩、砂糖を入れます。

❷イースト液と残りの水を①のボウルに一気に入れて手早く混ぜ合わせます。イーストは塩と一緒にすると発酵しにくくなります。なるべく塩の付近を避けてイーストを投入しましょう。

❸粉類が水分を吸収してひとかたまりになるまで混ぜます。最初はまとわりつくようなベッタリとした状態ですが、徐々にまとまってきます。ひとかたまりで持ち上げられるような状態になったら OK です。

（ 下準備〜材料を混ぜる時の注意点 ）

＊家庭でパンづくりをする場合、基本的に手で混ぜたりこねたりすることになります。きちんと手を洗い、乾いた布で拭いてから作業に入りましょう。

＊イーストは非常にデリケートな素材です。開封した後はジッパーつきのビニール袋やガラス瓶などの密封できる容器に移し、冷蔵庫で保存しましょう。

生地をこねる

パン生地は乾燥が苦手です。長時間かけず集中してこねましょう。

(こね方)

❶ひとかたまりになった生地をこね台に移し、
広げたりまとめたりしながら力をこめてしっ
かりとこねます。生地の表面がしっとりとし、
つまんだ感じが耳たぶくらいのやわらかさに
なるまで続けましょう。

❷生地を平たく伸ばし、常温に戻しておい
たバターを加えて、たたみ込むように練り込
みます。テカリがなくなり、生地全体に均
等に油分が行き渡るよう丁寧に練りましょう。

❸こね上がったら、グルテンがちゃんとでき
ているかチェックしましょう。生地の下から
指を使ってやさしく伸ばします。薄い膜のよ
うになっていたら成功です。すぐに穴があい
てしまう場合は、もう少しこねましょう。

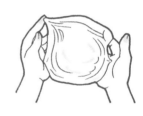

❹両手で生地を裏返して表面がつるんとな
るように生地を丸めます。最後に残ったくぼ
みは指先でひねるようにしてとじ、生地にな
じませ、発酵用のボウルに移します。

（ 生地をこねる時の注意点 ）

＊バターやオリーブオイルなどの油脂は、粉と水をしっかりこね合わせた後に
加えないと、小麦粉特有のグルテンの働きを妨げてしまうので注意しましょ
う。

＊有塩バターを使用する場合は塩の量を減らして調節しましょう。そのまま
のレシピで作ると塩分が高く、しょっぱいパンに仕上がってしまいます。

＊フランスパンなどのハード系やイギリス食パンなど、食感を出したい場合は、
こね台に生地を叩きつけて引き締まった生地に仕上げます。パンづくりの知
識として覚えておきましょう。

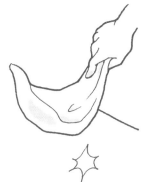

\知ってトクする！/

パンづくりの常識 ○×クイズ

第2問 パンの粉は、
よくふるってから使う

パンづくりでは、粉は基本的にふるいません。ただあまりにもダマ（粉の小
さなかたまり）が多いと、他の材料とのなじみが悪く、焼き上がったとき中に
残ってしまうことが。粉の状態によっては、ふるいにかけましょう。

3 一次発酵

発酵では温度と湿度、時間が重要となります。
また、発酵不足でも発酵過多でも失敗の原因となります。
発酵終了の見分け方をしっかり把握しましょう。

基本の丸パン・レシピ

工程③ **一次発酵**

こね上がった生地を
湯せんで発酵させる

温度 → 30℃
湿度 → 75%
時間 → 30 ～ 60 分

温度と湿度

一次発酵の条件は温度が 30℃、湿度は 75％ が最適です。発酵の前に生地にパン用の温度計をさして、温度を確認しましょう。生地の温度は室温にも影響を受けるので、湯せんで使う湯の温度で調節しましょう。
生地が約 2 倍に膨らんだところで一次発酵終了です。
パン生地は乾燥が苦手です。温度に気をとられて、湿度がほとんどない場所で発酵させると、よいパン生地が仕上がりません。オーブンや室内で発酵する場合は、生地が乾燥しないように、下に湯を張るか、コップに湯を入れましょう。

いろいろな一次発酵の方法

（ 湯せん ）

最も一般的で簡単な方法です。生地を入れたボウルよりもひとまわり大きなボウルに30℃の湯を張り、生地の入ったボウルを重ねて外側のボウルごとラップをかけて30分〜1時間発酵させます。真夏は湯が冷めにくいので−5℃、真冬は冷めやすいので＋5℃程度の温度調整をしましょう。

（ 室内で自然発酵 ）

温度を30℃くらいに保った部屋で、ボウルにラップをかけてそのまま1時間ほど発酵します。夏場は暖房を入れなくても自然発酵できるでしょう。

（ オーブン ）

発酵機能がついたオーブンがある場合は、温度を30℃に設定して30分〜1時間発酵させます。乾燥を防ぐため、ボウルにラップをかけましょう。オーブンによっては発酵の温度が高く設定されているものがありますが、その場合は一次発酵に適さないので、別の発酵方法をとりましょう。

長時間発酵

一次発酵の温度は 30℃程度が適温ですが、低温で長時間かけて発酵させることも可能です。これを長時間発酵といいます。冷蔵庫を使用した冷蔵発酵が主な長時間発酵の方法となります。長時間発酵で作った生地は、クラストはパリッと、クラムはギュッと引き締まったパンに仕上がります。フランスパンやカンパーニュなどのハード系のパンには向いているでしょう。

（ 冷蔵庫で発酵 ）

こね上げた生地をボウルではなく大きめのポリ袋に入れ、空気を抜いた状態で袋の口を結び、冷蔵庫に約 8 時間入れておきます。生地が 2 倍に膨らんでいたら発酵成功です。この生地は 24 時間以内ならいつでも取り出して使うことができるので、少量ずつパンを焼きたい場合に便利です。

**薄力粉と強力粉を
見分けるには、
粉を握ってみるとよい**

　粉類を袋から容器などに移して保管していると、薄力粉と強力粉の見分けがつかなくなることがあります。そんなときは手でぎゅっと握ってみましょう。指の跡が残り、ひとかたまりの状態になるのが薄力粉です。強力粉は、かたまらずサラサラしたままですが、生地にしたときは粉の3分の2量の水を加えてこねた場合、ゴムのようにコシの強い生地になります。薄力粉に同様に水を加えてこねても、まとまらずベタベタした生地になってしまいます。

124

フィンガーテスト

きちんと発酵できているかどうかは、フィンガーテストで確認をします。指先に少し粉をつけて、膨らんだ生地の中央に突き入れ、ゆっくり抜きます。生地についた指跡の状態で、一次発酵がうまくできているかどうかチェックできます。

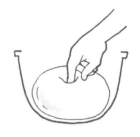

うまく発酵できている場合

指を離しても押した部分がくぼんだまま戻らなければ、一次発酵完了の合図です。

発酵不足の場合

押した部分が戻ってくるようなら発酵不足です。温度か時間が足りなかったことが原因として考えられます。温度を確認してもう少し発酵させましょう。発酵が足りないと、小さくて焼き色が悪いパンになってしまいます。

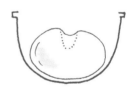

発酵過多の場合

指を入れると生地がつぶれてしまうような場合は発酵過多です。生地からはアルコール臭がします。この状態からパンを作ると、うまく膨らまなかったり酸味が出るので、伸ばしてピザにするなどの応用を考えましょう。

④ ガス抜き (パンチ)・二次発酵

ガス抜きとは、発酵して膨らんだ生地を一度叩いて平らにする作業で、別名「パンチ」といいます。

基本の丸パン・レシピ

工程④ 二次発酵

一次発酵で約2倍に膨らんだ生地を、一度平らにつぶし、その後、再び生地が2倍になるまで発酵させる

ガス抜きの目的

・生地内の温度を一定にする
・イーストを移動させ新たな栄養分に触れさせ、イーストの働きを活発にする
・古いガスを放出し、新しい酸素を取り入れ、生地の熟成を促進させる
・生地内の空気の気泡を細かくして、生地をきめ細かにする
・グルテン膜を強くしてパンの膨らみを助ける

せっかく一次発酵で膨らんだ生地をつぶしてしまうのはもったいないような気がしますが、ガス抜きはパンを膨らませるために大切な工程のひとつなのです。ガス抜きをした後は、再び生地を発酵させます。この時の発酵を二次発酵といいます。炭酸ガスは、発生し続けるので（→ P67）、生地はまた膨らみ始めます。

ガス抜きの手順

❶生地を打ち台に出し、生地の中心から丁寧に押し広げます。

❷広げた生地を両端から3分の1ずつ丁寧に折り畳み、向きを変えてさらに3分の1ずつ折り畳んでから丸めます。

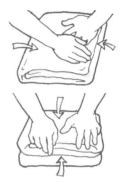

❸とじ目を下にして発酵用のボウルに移し、再び生地が2倍になるまで発酵させます（二次発酵）。

（ ガス抜きの注意点 ）

＊こね台と手は、消毒をしたり、きれいに洗って拭いておきましょう。不純物が生地につくとパンの性質を変えてしまう恐れがあります。

＊ガス抜きは発酵ガスの大半を押し出す作業ですが、すべてを押し出してしまうと最終発酵や、生地の状態に悪影響を与えます。生地が傷んでしまうほど強く押しつぶさないように注意しましょう。

5 分割・丸め

生地を均等に分割し、丸めて生地を整えます。
この作業はグルテンにも影響を与えるため、慎重に手早く行いましょう。

基本の丸パン・レシピ

工程⑤ 分割・丸め

生地を8等分にし、分割した生地を1つずつ丸める

丸めの目的

・発酵の時に、分割した切り口から炭酸ガスが逃げ出さないようにする
・分割後、さまざまな形になっている生地を均一の形に整える
・生地を丸くまとめることで成形（型）をしやすくする

丸めの工程で時間調整が可能になる

丸めの工程で、強く締めたパンほど、ベンチタイムを長めにとって生地を十分に休ませる必要があります。他の作業が残っている場合や、先に焼いているパンでオーブンが塞がっている場合などは、生地を強めに締めることで、ある程度の時間稼ぎをするとよいでしょう。

分割・丸めの手順

❶こね台に生地を出し、スケッパーを使って目的に合った大きさに生地を分割します。生地に負担をかけないように、手早くスパッと切り分けましょう。分割した生地は、デジタルスケールで量り、すべて同じ重量にするのが理想的です。

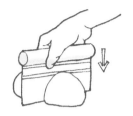

❷小さい生地の場合、手のひらで包み、手の付け根を軸にするように、こね台と指の間で時計回りに回しながら丸めます。大きな生地の場合、両手のひらで包み、奥から手前へ引くようにして丸めます。楕円形になった場合は角度を変えて同じ作業を何度か繰り返します。

❸丸めた生地をキャンバスの上に並べていきます。この時、先に丸めた生地が乾燥しないように、注意しましょう。キャンバスをかぶせる以外にも、ラップを利用する方法があります。

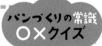
\知ってトクする！/

パンづくりの常識
○×クイズ

第4問 分割して丸めるとき、大きさを揃えることが一番大事だ

　丸めながら生地の表面をなめらかに伸ばすことが、一番大事です。分割するとき、生地はどうしても傷んでしまいます。そこでしっかり丸めて引き締め、寝かせることで生地が再び膨張し、熟成して味もよくなります。生地がたるんだり、表面にしわが寄ってしまうときは、作業台で生地を回転させながらしわを生地の下の部分に押し込み、しっかりとじ目を閉じましょう。そしてとじ目を下にした状態で生地を休ませて。

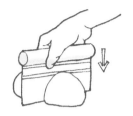

「ベンチタイム」とは、生地を休ませる時間のことです。丸めて弾力が出た生地を休ませることで、伸びがよくなり成形（型）しやすくなります。

工程⑥ ベンチタイム

生地が乾燥しないように注意して 15 〜 20 分休ませる

ベンチタイムの効果

・熟成が進み、パンがおいしくなる

・ガス抜き、分割で傷められた生地は、そのまま成形（型）しようとするとグルテンが切れてしまったり縮んだりする原因になるため、生地を再び膨張させる

・丸めで引き締められた生地を休ませることによって、生地がやわらかく伸びがよくなり、成形（型）しやすくなる

・成形（型）時、粘着性が出るのを防ぐために生地表面に薄い皮を張らせる

ベンチタイムの手順

❶丸めた生地をキャンバス（もしくはこね台）の上に、ある程度の間隔をおいて並べます。この時、生地の形を崩さないようにやさしく扱いましょう。

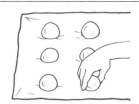

❷すべての生地を覆うようにキャンバスをかけます。

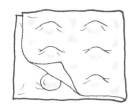

❸小さいパンは 15 ～ 20 分、大きなパンや弾力の強いパンは 20 ～ 30 分、室温で休ませます。

❹生地がひとまわりほど膨らみ、表面を指で軽く押してみて弾力があれば、終了の合図です。

（ ベンチタイムの注意点 ）

＊ベンチタイム中に生地を濡らしてしまうと、生地がふやけて成形（型）しにくくなる可能性があります。水気のない場所を選んで行いましょう。

＊生地を乾燥させないようにキャンバスやラップを生地にかけます。乾燥した部屋で行う場合、キャンバスの上に濡れ布巾をすきまなくしっかりかけましょう。

＊ベンチタイムでも生地は多少膨らみます。生地がくっつかないように生地と生地の間にはある程度の間隔をおきましょう。

成形（型）する

焼成前に生地で最終的な形を作る作業です。丸形、棒状、コッペ形などが主流ですが、その種類は無数にあります。

工程⑦ 成形（型）

ベンチタイムで膨らんだ生地を軽くガス抜きし、
丸め直して形を整える

成形（型）の目的と効果

・目的のパンに適した形を作る

・気泡が細かく均一になり、焼成中に生地が均一に釜伸びすることで、形のよいパンに仕上がる

・クラムのすだちの形状や詰まり具合が変化し、口当たりがよくなる

・仕上げ発酵がしやすくなる

・形を作ってしっかり力を加えてとじることで、最終発酵でもやわらかい生地がだれなくなる

丸パンの成形（型）の手順

❶こね台の上に表面を下にして生地をひとつ置き、手のひらで軽くつぶしてガス抜きします。

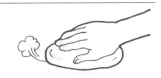

❷生地が裂けない程度に両手でやさしく引っ張り、引っ張った部分を押し込みながら丸めます。

❸大体丸くなったら生地のとじ目を下にして置きます。

❹「丸め」の作業と同様に、生地を手のひらで覆い、転がしながら締めていきます。小さな生地の場合は片手で時計回りに円を描くように作業を行います。

❺丸く締まっていて、裂け目がなく、表面がきれいなボール形になっていたら、よい成形（型）といえます。

❻生地がくっつかないように、天板にクッキングシートを敷き、とじ目が下になるように間隔をおいて焼成用の天板に並べ、最終発酵（→ P136 ～ 137）に移ります。

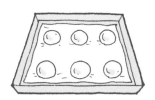

食パンの成形（型）

食パン型に入れて焼くパンの場合、同じ生地を使っても、型詰めによって形やクラムの仕上がりが変わってきます。食パンや山形パンで使われる主な成形（型）は下記の3つです。

ワンローフ形

ひとまとめの生地を長方形に伸ばして端から巻き、1本のロール状にしたもの。とじ目を下にして食パン型の中央に入れます。ふたをせずに焼成すると、パウンドケーキのようにゆるやかな丸みを帯びた、ふんわりとしたパンになります。

俵形

生地を2つに分け、それぞれを長方形に伸ばして端から巻き、2本のロール状の生地を作ります。食パン型の両端にとじ目が内側の下向きになるように入れます。ふたをせずに焼成すると、縦によく釜伸びした背の高い2つ山のもっちりとしたパンになります。

丸形

生地を2つに分け、それぞれを丸め、食パン型の両端に置きます。ロールをしない分、生地に重みがあるため、ふたをせずに焼成すると、俵形よりもさらにもっちりとした、2つ山のパンになります。

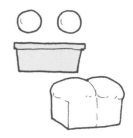

ロールパンの成形（型）

❶分割・丸めの終わっている生地を手のひ
らで押さえて平らにし、両サイドから内側に
軽く巻き込むようにして、しずく形を作ります。

❷めん棒を使って、20㎝くらいに伸ばし、
平らなしずく形にします。

❸太いほうから細いほうに巻き込みます。

❹巻き終わりを下にして並べます。（最終仕
上げ→ P138）

あんパンの成形（型）

❶分割・丸めの終わっている生地を手のひ
らで平らにして、20 ～ 30g ずつに丸めた
あんをのせます。

❷生地の四方をつまみ上げるようにして、
あんを包みます。

❸つまみ上げた箇所をひねるようにとじます。

❹裏返して軽く手のひらで転がし、とじ目を
なじませます。（最終仕上げ→ P138）

8 最終発酵

成形（型）したパンを膨らませるための工程で、
「ホイロ」「仕上げ発酵」ともいいます。型に入れたり、
天板にのせた状態で行うため、一次発酵よりも工夫が必要です。

基本の丸パン・レシピ

工程⑧ 最終発酵

最終発酵
の目安

温度 → 40℃

湿度 → 80 〜 85%

時間 → 15 〜 20 分

発酵の条件

発酵条件は、パンの種類や材料などによってさまざまですが、油脂を多く使うものは、あまり高い温度で発酵させないようにしましょう。

・配合がシンプルでリーンなパン生地の場合

　温度 40℃　湿度 80 〜 85%

・副材料が多くてリッチなパン生地の場合

　温度 36 〜 38℃　湿度 80%

最終発酵の時間の目安

最終発酵に要する時間は温度と湿度と同様にパンの種類、イーストの量、製法、生地温度、ホイロ温度、湿度、生地熟成度、成形（型）時のガス抜き具合などによってさまざまです。30 〜 40 分のものが主ですが、ものによっては 90 分、特殊なものは 4 〜 5 時間必要な場合もあります。生地が 1.5 〜 2 倍に膨らみ、表面を指で押してみて指の跡が少し残るくらいが、最終発酵終了の目安です。

いろいろな最終発酵の方法

（ ポリ袋 ）

天板に生地をのせ、生地と生地の間に熱湯を入れた耐熱コップを2〜3個置き、コップが倒れないように気をつけながらポリ袋の中に天板を入れて、口を結びます。湿度は十分に保たれますが、温度調整が難しいため、時折、袋を開けて生地の様子を見たり、コップ内の湯の温度を調整したりしましょう。

（ オーブン ）

温度と時間を調整して生地をのせた天板を釜内に入れて発酵します。オーブンを使用する場合は特に乾燥に気をつけましょう。カップや皿に湯を張り、オーブン内に置くと乾燥が防げます。

（ 発酵器 ）（→ P97）

作るパンに合わせた温度設定をします。

（ 湯せん ）

生地をのせた天板をポリ袋（もしくはラップ）で包み、湯を張った大きなバットの上にのせて発酵させます。湿度は十分に保たれますが、温度調整が難しいので、湯の温度をよくチェックしながら経過を見ましょう。

第5章 パンを作る工程

137

焼成する

最終発酵後はすぐに生地を焼成します。温度設定などによって仕上がりが左右されるので、使用するオーブンの特徴を把握しておきましょう。

基本の丸パン・レシピ

工程⑨ 焼成

予熱をしたオーブンで200℃で14分前後焼き上げる

焼成の目的

・発酵によって生じた炭酸ガスとエタノールを気化することで、パンのボリュームを形成する

・クラストに焼き色をつけ、味と香りをアップさせる

・水分を蒸発させてパンの食感をよくする

・でんぷんをα化（→ P141）して消化をよくする

＼知ってトクする！／

パンづくりの常識
○×クイズ

第5問 ## ロールパンやあんパンの
最終仕上げは、成形したらすぐ行う

ロールパンやあんパンは、最終発酵の後、オーブンを予熱している間に最終仕上げをします。

〈ロールパン〉
表面にツヤを出すためハケで溶き卵を塗ります。

〈あんパン〉
ブレッチェン棒（→ P95）などを使ってヘソを作り、溶き卵を塗ってツヤを出したり、トッピングにけしの実や桜の花の塩漬けをのせます。

焼成のコツと注意点

＊小さな生地をたくさん焼く時は、重量と並べる間隔を均一にします。重量は
もちろんですが、配列が不ぞろいの場合にも熱の当たり方が変わり、焼きムラ
ができます。

＊必ず予熱をしましょう。予熱を省き、その分時間を延ばしてパンを焼こうとす
ると、クラストが厚く、クラムのかたいパンになったり、生焼け、焼きムラの原
因にもなります。

＊オーブンの設定温度が高すぎると焼きムラができる恐れがあります。しっか
りしたクラストが好みの場合でも、まずは設定温度どおりで焼成し、その後に
温度を上げたり焼き時間を延長するなどして、好みのパンに近づけましょう。

＊焼成に使う蒸気は、大きく前蒸気と後蒸気に分かれます。釜入れの前に入れ
ておく前蒸気は、釜入れの際に高温で生地が乾くのを防ぎます。釜入れ後に
入れる後蒸気は、フランスパンの表面に水分を補うことで表面のクラストをよ
りパリッと仕上げたり、前蒸気の不足を補ったりします。

＊パンは焼き上がったら天板や焼き型からすぐにはずし、網の上でしっかり冷ま
します。熱い天板や焼き型に入れたままにしておくと、生地の表面に水蒸気が
たまり、パンがつぶれる原因になります。また、型に入れたパンは台の上など
で少しショックを与えてから出すと、腰折れを防ぎ形のよいパンになります。

温度によるパン生地の変化

釜入れ後、温度の上昇とともにパン生地の状態（クラムの温度）はどんどん変化していきます。変化の過程とそれによって起こる反応を理解しておきましょう。

45℃　生地の流動化
イーストおよび酵素が活性化して大量の炭酸ガスが発生します。生地は流動的で最もゆるんだ状態になります。

〜 60℃　オーブンスプリング（釜伸び）
炭酸ガスが生地全体を膨張させ、生地のボリュームが３分の１増加します。この現象を「オーブンスプリング」といいます。また、でんぷんの糊化が外皮より内部へ進みます。

60℃　酵素活動の停止
イーストと酵素が死滅し、炭酸ガスの発生が止まり、釜伸びを終えます。この段階で生地の色はまだ白色です。

75℃　気泡の固定
タンパク質の熱凝固が始まり、気泡が固定してそのまますだちとなり、パンの骨格を支えます。生地の色は黄色に変化しています。

85℃　パンの輪郭の形成

糊化したでんぷんがαでんぷん化し、グルテンから水分を奪い、かたい輪郭「クラスト」を作ります。この時、生地の外部は 150 〜 160℃に達しています。タンパク質を含むアミノ酸と、果糖などのカルボニル化合物が加熱により反応し、メラノイジン色素を生成することにより、生地の色は褐色に変化します。この生地色の変化を、メイラード反応といいます。

95 〜 96℃　クラムとクラストの形成

生地は最終的に 95 〜 96℃まで上昇し、ふんわりとやわらかいクラムと、しっかり焼き色のついたクラストになり、生地からパンへと変化します。クラストの焼き色は、生地に含まれる糖類が加熱により褐色に変化することも関係しており、この反応をキャラメル（カラメル）化反応といいます。この過程で形成されたクラムは内側からクラストを支え、クラストはパンの外側を支える役割をします。

その他 ⑩

パンづくりにおいて気をつけたい点、知っておきたいことを紹介します。
さまざまな状況の対処法を把握して、パンづくりの意識を高めましょう。

作業環境について

（ 作業環境 ）

作業場や使用する道具は必ずアルコール除菌しておきましょう。デリケート
な酵母は雑菌を嫌うため、衛生面のチェックは大切です。常に室内環境を
整えてから作業に入ることを心がけましょう。

（ 温度と湿度 ）

パンを作る作業場の温度と湿度は、年間を通して一定に保つことが理想的
ですが家庭ではそうはいきません。温度計と湿度計を用意し、室温の変化
に応じて仕込み水の温度を調整することで、こね上げ温度や発酵において
の失敗を極力回避することができます。

材料の準備について

（ ドライフルーツ・ナッツ類 ）

ドライフルーツやナッツ類は乾燥しているた
め、そのまま生地に混ぜ込むと生地に必要
な水分を吸収してしまいます。ドライフルー
ツは生地に混ぜる 30 分前に水に浸し、10
分前にざるに上げて、水切りをしてから投入

しましょう。ラム酒漬けレーズンなど、あらかじめ漬け込んであるフルーツの場合も、投入 10 分前に水切りしておきましょう。ナッツ類は、香ばしくローストして風味豊かなパンにしましょう。

(バター)

バターは常温に戻してから使用しますが、冷たく固まったバターを使う場合、布巾に包んで上からめん棒で叩くと、やや砕けてやわらかくなり、生地になじみやすくなります。油脂の多いパンを作る場合、常温のバターを多く入れると生地の温度を上げてしまうので、この方法でやわらかくしたバターを加えるとよいでしょう。

混ぜる時に気をつけたい材料

(中種、発酵種)

塊の状態の酵母を加える時は、小さくちぎってから混ぜ合わせると、生地によくなじみます。

(ドライフルーツ・ナッツ類)

早い段階で入れてしまうと、砕けたりつぶれたりしてしまうので、生地のグルテンが十分に形成されてから合わせます。ドライフルーツ、ナッツを均一に混ぜる方法としては、少し平らにした生地の上にすべてのせ、包み込むように生地の中にたたみ込み、もむように生地を平らにしていくと、よく混ざります。

(バター、砂糖)

デニッシュ、菓子パンなど、バターや砂糖をたくさん使用するパンの場合、一気に加えるとグルテンの形成を妨げる可能性があります。2 回に分けて加える、加える前になるべくグルテンを引き出しておく、などの工夫をしましょう。

問❶ 下記の分量でパンを作る時、イーストのベイカーズ・パーセントは何%か、次のうちから選びなさい。

分量：強力粉 150g　イースト 3g　　塩 3g

水 98g　　　　　バター 10g　　砂糖 8g

① 10%

② 5%

③ 3%

④ 2%

問❷ 　一次発酵に最も適した温度と湿度の組み合わせを、次のうちから選びなさい。

① 温度 25℃、湿度 90%

② 温度 30℃、湿度 75%

③ 温度 35℃、湿度 60%

④ 温度 37℃、湿度 50%

問❸ 食パンの成形（型）で、生地を 2 本のロール状にし、型に入れて焼いたものを何というか。次のうちから選びなさい。

① 俵形

② 丸形

③ ロール形

④ ワンローフ形

問④ 焼成時に炭酸ガスが生地全体を膨張させ、生地のボリュームが3分の1増加する現象を何というか。次のうちから選びなさい。

① 生地の流動化
② クラムとクラストの形成
③ キャラメル（カラメル）化反応
④ オーブンスプリング

問⑤ 材料に油脂がある場合、油脂を加えるタイミングを、次のうちから選びなさい。

① 小麦粉と同時に加える
② 卵や乳製品などの副材料と一緒に加える
③ 生地をこねて、グルテンが形成された頃合いに加える
④ 一次発酵をする直前に加える

問⑥ メイラード反応で生成される、生地の色を褐色にする色素を、次のうちから選びなさい。

① メラニン色素
② ブラウン色素
③ メラノイジン色素
④ メイラード色素

問⑦ ガス抜きをする目的で、正しくないものを次のうちから選びなさい。

① 生地内の温度を一定にする
② 生地の形を整える
③ 生地内の空気の気泡を細かくする
④ イーストを移動させ、新たな栄養分に触れさせる

練習問題

解答
解説

問① ------- 答え④

ベイカーズ・パーセントの算出方法は、［知りたい材料の分量÷粉の分量×100］である。この場合は、［3÷150×100＝2］、イーストのベイカーズ・パーセントが2％であることが算出できた。（詳細→ P117）

問② ------- 答え②

一次発酵は温度30℃、湿度75％が最適である。発酵する場所に湿度計を置き、生地にパン用の温度計を差してチェックする。（詳細→ P122）

問③ ------- 答え①

俵形の成形（型）は、とじ目を内側の下向きになるように生地を型に入れるのがポイント。（詳細→ P134）

問④ ------- 答え④

クラムの温度が50～60℃の間で生地が膨張する。この現象をオーブンスプリング（釜伸び）といい、この段階で最終的なパンのボリュームが決まる。（詳細→ P140）

問⑤ ------- 答え③

油脂はグルテンの働きを妨げるため、グルテンが形成された頃合いに加えるとよい。また、油脂はペースト状にして加えると生地になじみやすくなる。（詳細→ P79、P121）

問⑥ ------- 答え③

生地の温度が85℃になると、アミノ酸とカルボニル化合物が加熱により反応し、メラノイジン色素を生成し、生地の色は褐色に変化する。（詳細→ P141）

問⑦ ------- 答え②

ガス抜きの目的は、①、③、④の他に、生地の熟成を促進させる、グルテン膜を強くしてパンの膨らみを助けるなどで、成形（型）には直接関与しない。（詳細→ P126）

第 **6** 章

パンをおいしく
食べるには

手づくりのパンには、心のこもったおいしさがあります。
この章では、手づくりパンをさらにおいしく食べるための方法と、
他の食品との相性、またマナーについて解説します。

1 パンのおいしい「3原則」を知ろう

パンのおいしさを引き出すための、3つのポイントをご紹介します。

食べごろを知る

野菜や果物に旬があるように、パンにもおいしい「タイミング」があります。種類によって少しずつ違うことを、下の表で知っておきましょう。

パン	食べどき	おいしさの目安
フランスパン	焼きたて3時間以内	約1日
天然酵母のパン	焼きたてもおいしいが、1日たったものもおいしい	約5日間
ライ麦配合のパン	保存性に優れているため、ライ麦の配合によって多少異なるが、通気性のよい袋や紙などに包んでおけば、2〜3日は味が損なわれない	約4日間
全粒粉配合のパン	焼きたてもおいしいが、1日たったものもおいしい	約2日間
食パン	焼きたて	約3日間
菓子パン	焼きたて	材料により異なる

切り方を知る

パン切りナイフの水気をよく拭き取り、パンをつぶさないように、力を抜いて引いて切ります。何度もごしごし切ると見た目が悪いだけでなく、パンがつぶれておいしさも半減します。ただ、焼きたてのパンはどんなに切れるナイフ

を使っても切り口がきれいにならず、風味も落ちるので、30分ほど冷ましてから切るようにしましょう。サンドイッチは具とパンをなじませてから、具がはみ出ないように軽く片手で押さえ、よく切れるナイフを使ってゆっくり手前に引きます。

保存法を知る

すぐに食べない時や、食べきれない場合には、保存にもひと工夫しましょう。

❶1個ずつ丁寧にラップをかけ、空気に触れないようにして乾燥を防ぎます。大きなパンはスライスして1枚ずつ、一口サイズの小さなものは小分けにしてラップしましょう。

❷①を密封袋などに入れて冷凍庫で保存します。パンはにおいを吸収しやすいので、きっちり密封しましょう。冷蔵庫の設定温度は最もパンが劣化する温度なので、必ず冷凍庫に入れてください。食べる時は冷凍のまま、あらかじめ温めておいたトースターで焼きます。

Bread column

かたくなってしまった パンの活用法

かたくなってしまったパンも、工夫次第で上手に活用できます。
〈工夫例〉
・パン粉にしてフライの衣やハンバーグの種に入れる。
・クルトンより少し大きめに切って焼き、白ワインをふりかけてサラダに入れる。
・真っ黒になるまで焼く。木炭と同じように脱臭効果があります。
　庭にまいたり、ぬか床に入れたりして活用しましょう。

② パンとドリンクの マリアージュを楽しむ

食事に合わせてパンを選ぶのも、楽しみのひとつです。
さらに相性のいいドリンクも選んで、食卓をもっと豊かに演出して。

パンとコーヒー

コーヒーとパンの組み合わせは、パンを引き立てる
のと同時に、コーヒーをより楽しむことができます。
コーヒー豆にも苦みがあるもの、酸味があるものな
どの特徴があり、さらに煎り方でコーヒーの味は変
化します。コーヒーの風味に合わせて、パンを選ぶ
とおいしさは倍増します。

パンと紅茶

紅茶にはダージリン、アッサムなど数多くの種類が
あり、香り、風味がそれぞれ異なります。また、ス
トレートで飲むかミルクティーにするか、アイスか
ホットかなど、飲み方によって紅茶を選ぶとよいで
しょう。飲み比べをしながら、おいしいパンと紅茶
の組み合わせを探すと、楽しさが広がります。

パンとその他の飲み物

ドイツではビールにプレッツェルは定番です。また、
あんパンなどの日本ならではの菓子パンに牛乳は、
おいしくてボリュームのある組み合わせ。スパイシー
に炒めた焼きそばパンは、ビールにも合います。

Bread
column

五感が喜ぶ！
パン・ワイン・チーズの
「定石トライアングル」

イエス・キリストの「最後の晩餐」が
パンとワイン（赤）であったように欧
米ではパンとワインは切っても切れな
い関係です。それぞれのワインの個性
に合わせたパン選びを心がけましょう。
パンとワインにもうひとつ欠かせない
のがチーズです。この3つの発酵食
品はお互いの味を絶妙に引き立て合い、
おいしい三角関係をつくり出します。

組み合わせ例

チーズ	ワイン	パン
マスカルポーネ、モッツァレラなどの フレッシュチーズ	軽いフレッシュな辛口ワイン	レーズン入りのパン
クリームチーズ、フロマージュブラン などのフレッシュチーズ	発泡酒・甘口の白ワイン	レーズン入りのパン
カマンベール（熟成が進んでいない タイプ）などの白カビチーズ	軽いフレッシュな辛口白ワイン	バゲット・クルミパン
ブランなどの軽めのウオッシュチーズ	コクのある辛口白ワイン	酸味のあるライ麦パン
ボアブロンドなどのクリーミーな ウォッシュチーズ	軽いフレッシュな赤ワイン	酸味のあるライ麦パン
シェーブルチーズ、ヴァランセなど	コクのある辛口白ワイン	カンパーニュ
クリームロイヤルなどの クリーミーなブルーチーズ	フルーティな赤ワイン	ライ麦パン
ロックフォール、スチルトン、ゴルゴ ンゾーラなどの辛いブルーチーズ	コクのある重厚な赤ワイン	ライ麦パン

3 スプレッドを添えて、パンの風味を引き立てる

パンに塗って一緒に味わうことで、ひと味変わったおいしさを演出する
スプレッド。さまざまな種類を試して、自分好みのペアリングを楽しんで。

バター

日本で売られているバターは無発酵、有塩
がほとんどですが、店によっては発酵バター
や主に製菓用に使う無塩バターも置いてい
ます。パンに塗るバターはほとんどが有塩
です。また、バターにレーズンやガーリック、
ハーブなどを混ぜたものもあり、好みによっ
てチョイスするとよいでしょう。

チーズ

フランスは「ひとつの村にひとつのチーズ」
といわれるようにチーズが豊富な国。また、
フランスだけでなく、ヨーロッパ諸国はチー
ズをよく食べるので、各国にはさまざまな
チーズがあります。そして、基本的にはそ
の国のパンと合わせるのが王道です。また、
チーズには乳脂肪が含まれており、この割
合がチーズの風味の決め手となり、さらに
はパンとの相性にも関係してきます。

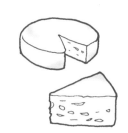

ジャム

日本独自の菓子パンのひとつにジャムパンがありますが、トーストにジャムをたっぷり塗って食べるのもまた美味なもの。さらに「パン先進国」であるヨーロッパには、ひと工夫した食べ方があります。パンにチーズを塗り、その上にジャムを塗る、あるいは、チーズとハムとジャム、という思い切った組み合わせをするというもの。例えば青カビチーズのゴルゴンゾーラ・ピカンテにジャムの組み合わせは意外なおいしさがあります。また、若いシェブールチーズ（ヤギのチーズ）は酸味がありますので、これもジャムとの相性は抜群です。

ペースト、ディップ

現在、スーパーではレバーペーストなどを気軽に買うことができます。また、輸入食材の店では鴨やサーモンのペーストなども買い求めることができます。また、ディップは簡単なものは家庭で作れます。ナッツやツナなど家に常備している食材を利用すれば、組み合わせ次第で味は無限に広がります。
パンにディップやペーストを塗って、さらに野菜や肉、魚介類などをのせたり挟んだりすることで新しい味の発見があるかもしれません。

パンのフォーマルマナーとタブー

フォーマルな席でのパン・マナーの正解、知っていますか？ スマートに選んで、食べる方法と、実は NG なタブーを押さえておきましょう。

マナー編

(パンの選び方)

レストランによってはパンが数種類あり、好きなパンを選ぶことができます。パンが運ばれてきたらすぐには取らないように。係りの方がパンの種類の説明をします。それを聞いてから「このパンをお願いします」と注文します。この時に欲張っていくつも取らないのがマナー。必ず追加を尋ねられますので、ひとつずつ取り分けていただきましょう。

(パンを食べるタイミング)

食べるタイミングは基本的にスープが終わってから。時には係りの方が「焼きたてなので」とテーブルに持ってくることがあります。正餐以外の時でもスープより先に食べ始めないほうがよいでしょう。食べ終わるタイミングはデザートの前までに。パンだけでお腹いっぱいにしないよう、料理と合わせてバランスよく食べましょう。

（ パンの食べ方 ）

パンは手で一口大にちぎって食べましょう。ちぎる時は、できるだけお皿の上で行い、テーブルにパンくずをあまり落とさないようにしましょう。また、こぶし大のかたいパンが出された場合、無理にちぎる必要はありません。女性は最初半分に切り分ける時のみ、ナイフを使ってもマナー違反にはなりません。また、切り口やちぎった面は、必ず自分のほうに向けて、見苦しくないようにしましょう。食べる時は、バターを少量のせて一口で食べます。バターナイフはその都度刃が手前を向くように置きます。

以上の事柄に気をつけて、エレガントに食べるよう心がけましょう。

タブー編

（ してはいけないこと ）

・コース料理でパンをスープに浸して食べる

・パンを噛みちぎる

・パンくずを拾う、集める…係りの方がやるのでそのままにしておきます。

・最初からパンにバターを塗っておく…面倒でもその都度塗りましょう。

（ パンにソースをつけて食べるのは大丈夫? ）

タブーの場合もありますが、場面によってはよい場合も。その際、手にパンを持ってつけるのではなく、一口大のパンをフォークに差してソースにからめていただくのがマナーです。厳密な決まりはありませんが、同席している人を不快にさせない心づかいを忘れないようにしましょう。

問❶ フランスパンの食べどきはいつか。次のうちから選びなさい。

① オーブンから出したばかり

② 焼きたて 1 時間以内

③ 焼きたて 3 時間以内

④ 次の日の朝

問❷ 正しいパンの切り方でふさわしいのはどれか。次のうちから
選びなさい。

① パン切りナイフで力を抜いて一気に引いて切る

② パン切りナイフで力を抜いて一気に押して切る

③ 刺身包丁で刺身のように切る

④ 普通の包丁でしごくように切る

問❸ パンの保存方法でふさわしいのはどれか。次のうちから選び
なさい。

① 1枚（1個）ずつラップで包んで冷蔵庫に保存

② 1枚（1個）ずつ袋に入れて空気を抜いて冷蔵庫に保存

③ 1枚（1個）ずつラップに包み、さらに密閉袋に入れて空気
を抜いて室温で保存

④ 1枚（1個）ずつラップに包み、さらに密閉袋に入れて空気
を抜いて冷凍庫に保存

問❹　フランス料理のコース（正餐）において、パンは一般的にどのタイミングで食べるのがよいか。次のうちから選びなさい。

① 最初に食べる
② メインディッシュの時に食べ始める
③ スープが終わってから食べる
④ いつでも、好きな時に食べてよい

問❺　フランス料理のコースにおいて、パンはどのように食べるのが望ましいか。次のうちから選びなさい。

① 好きなスタイルで食べてよい
② 食べる分だけちぎって、その都度バターを塗って食べる
③ あらかじめ全部ちぎって、少しずつ食べる
④ ちぎらずに、そのまま豪快に食べる

問❶ ------- 答え③

基本的に粗熱がとれてから。パンの種類によって食べどきは少しずつ異なる。ライ麦が配合されているパンは焼いてから3日たったくらいが味がなじんで美味である。(詳細→ P148)

練習問題
解答
解説

問❷ ------- 答え①

切り口がきれいでなかったりつぶれていたりしているものはパンの味も半減する。(詳細→ P148)

問❸ ------- 答え④

焼く時は解凍せずにそのままトースターに入れて焼く。冷蔵庫はパンが最も劣化しやすい温度環境なので、入れないほうがよい。においがつきやすいため、必ず密閉をするように。(詳細→ P149)

問❹ ------- 答え③

まれに係りの人がスープの時などに焼きたてパンを持ってくることがあるが、せっかくの店側の厚意なので焼きたてをいただいてもマナー違反にはならない。正餐でなければ、スープの時にパンを食べても大丈夫。
(詳細→ P154)

問❺ ------- 答え②

選択肢②のように食べるのがエレガント。マナーには厳密な決まりはないが、同席している人に不快感を与えない配慮を。女性のみ、最初にナイフで切り込みを入れて半分にしても大丈夫。
(詳細→ P155)

第 **7** 章

食品衛生について

家庭でパンを手作りする時、
知っておきたいのが食品衛生のこと。
食中毒や、食品が変質する
原因と予防法について、学びましょう。

① 食中毒の原因と予防

家庭でパンを手作りする時、知っておきたいのが食品衛生のこと。
食中毒や、食品が変質する原因と予防法について、学びましょう。

食中毒に関する主な細菌の種類

地球上には多くの細菌が存在していますが、細菌こそが食中毒の主な原因です。予防を考える前に、まずは細菌について知っておきましょう。

細菌	特徴
腸炎ビブリオ	海中に生息する菌。主に菌に汚染された魚介類を生食することで感染する。
ウエルシュ菌	熱に強い嫌気性菌。大量に作ったカレーやスープで食中毒を起こすことがあり、給食菌またはカフェテリア菌と呼ばれることもある。
ボツリヌス菌	食品の中で増殖する、熱に弱い嫌気性菌。古くなった瓶詰、缶詰、まれにはちみつに含まれていることもある。
サルモネラ菌	人や動物の消化器官に生息する腸内細菌。その一部は人や動物に感染して病原性を示す。
病原大腸菌	胃腸炎を起こす大腸菌。O-157腸管出血性大腸菌など。
黄色ブドウ球菌	通性嫌気性の細菌。ブドウ球菌の持つ毒素が熱に強いため、加熱でブドウ球菌が死滅しても毒素が残る。

細菌の増殖条件

（ 水分 ）

水分は細菌の繁殖には不可欠で、菌体の約80％は水分です。また、菌体内の代謝は水分があるところで行われ、栄養分は水分に溶けた状態で吸収され

ます。食品に含まれる水分には、細菌が利用できる自由水[※1]と細菌には利用できない結合水[※2]と呼ばれる水があります。自由水が多く含まれるほど細菌は繁殖しやすくなります。

※1　結合水に対し、自由に移動できる通常の水
※2　炭水化物やタンパク質などと結合した水

（温度）

菌の発育に適した温度を発育至適温度といい、細菌は低温菌、中温菌、高温菌の3種類に分類されます。多くの細菌は中温菌に属し、発育至適温度は37℃くらいです。高温菌は発育至適温度が50〜60℃と高く、食品の腐敗に関与することはほとんどありません。低温菌は発育至適温度が10〜20℃と低いのですが、これらの菌が食品に付着している場合は、たとえ冷蔵庫の中でも増殖する可能性があるので注意が必要です。

（水素イオン濃度）

細菌の発育および増殖は環境の水素イオン濃度（pH）[※3]によって大きく左右されます。大部分の細菌はpH7.0を中心としてpH5.0〜9.0の間で最も発育します。腸炎ビブリオなどは例外的にpH8.5前後の高い数値でも発育、カビや乳酸菌はpH6.0付近で発育します。

※3　物質の酸性、アルカリ性を示す度合い。pH7.0が中性で、値が小さいほど酸性が強く、大きいほどアルカリ性が強いことを示します。

（酸素）

細菌の酸素の必要度は菌の種類によって異なります。呼吸により酸素を利用して増殖する好気性菌、発酵して増殖する嫌気性菌、酸素を利用して増殖もでき、さらに酸素がない状態でも発酵により増殖可能な通性嫌気性菌の3種類に分類されます。サルモネラ菌、腸炎ビブリオ、赤痢菌の多くは通性嫌気性菌に属し、ウエルシュ菌、ボツリヌス菌などは嫌気性菌に属します。

第7章 食品衛生について

食中毒の原因

・細菌性食中毒

感染型：細菌（サルモネラ菌、腸炎ビブリオ、カンピロバクターなど）その
　　　　ものによるもの。

食品内毒素型：細菌が作る毒素（黄色ブドウ球菌、ボツリヌス菌など）によ
　　　　　　　るもので、食品中で増殖した菌が、産生した毒素を摂取することに
　　　　　　　より発症します。

生体内毒素型：病原性大腸菌 O-157、ウエルシュ菌のように、細菌が増殖
　　　　　　　すると生体内で毒素を発生するもの。

その他：食品に増殖した菌が食品とともに摂取され、腸管に付着後、組織
　　　　や細胞に侵入、発症するものなど。

・自然食中毒

動物性自然毒（フグ、ドクカマス、貝毒など）

植物性自然毒（毒キノコ、ジャガイモの芽など）

・科学性食中毒

添加物、器具、包装の不備など

・食品の取扱者による不注意の食中毒

食中毒の予防

不注意や管理を怠ると家庭でも食中毒を引き起こします。食中毒の2〜3
割はなんと家庭で発生しているそうです。たとえ冬でも過信は禁物。昔の家
屋と違って最近の一戸建て、マンションは機密性が高く、冬でも暖かく快適
ですが、それは細菌にとっても過ごしやすい環境なのです。普段から清潔な
台所を心がけましょう。

Check Point

場所		内容	チェック
台所	シンク	水あか、カビは生えていませんか？	
	排水溝	ゴミはこまめに捨てていますか？	
	スポンジ・たわし	カビは生えていませんか？	
	まな板、包丁	毎日消毒していますか？	
		使う前に洗っていますか？	
	布巾	毎日消毒して干していますか？	
	お玉などの調理器具	食品のカスはついていませんか？	
		使う前に洗っていますか？	

特に食器用スポンジ、まな板、シンク、台布巾などは細菌のすみかとなりやすいので、こまめに掃除・洗浄を心がけるようにしましょう。

場所		内容	チェック
冷蔵庫・冷凍庫	清掃	ポケット部分はカビが生えていませんか？	
	食品チェック	詰めすぎていませんか？	
		食品の賞味期限は確認していますか？	

冷蔵庫の内側はエタノールなどで清掃しましょう。外側は普段から水拭きしていれば汚れません。野菜室の底は、野菜くずがたまってカビ発生の原因になります。食品を詰めすぎると空気の循環が悪くなり、冷えなくなるだけでなく、電力もかかってしまいます。

第7章 食品衛生について

② 食品の変質と防止法

食品を変質させてしまう要因は身近にあります。食品を変質させない
ために温度管理や加熱、乾燥などの先人の知恵を生かしましょう。

食品の変質

(腐敗)

食品に付着した微生物（細菌など）の酵素作用により、食品中の成分が変
化し、インドール、メタン、硫化水素、アンモニア、アミン類、二酸化炭素
などが発生し、これが腐敗の原因となります。とりわけ、タンパク質を多く
含む肉類や魚介類において問題になります。

(油脂の酸化)

油脂は空気中の酵素により酸化、色、におい、風味が変化します。栄養価
が低下するだけでなく、さまざまな有害物質が発生、人体に害を及ぼします。
また油脂は加熱することによっても酸化が進みます。特に家庭では、揚げ物
に使った油を長期保存して繰り返し使用して、食中毒を引き起こすケースも
あります。油脂を含んだ食品は賞味期限内に食べるようにしましょう。

変質の防止方法

(低温保存)

食品を低温に保つことは微生物の増殖を防
止・抑制するとともに食品の酵素利用の化学
反応の進行を抑制することにもなります。右
の表は各食品に適した貯蔵温度です。

貯蔵温度	食品
7～10℃	果物
4～7℃	野菜、卵、調理食品
3～4℃	乳、乳製品
1～3℃	肉
0～1℃	魚介類、鶏肉
−15～0℃	冷凍食品

（ 脱水 ）

食品の水分を低下させることにより保存性を高めることができます。干物、乾物などがあります。

（ 加熱 ）

食品を加熱することにより、食品に存在している微生物を死滅させ、食品に含まれる酵素を失活させて保存性を高めます。焼く・煮る・揚げる・蒸すなどの調理法があります。

（ 塩蔵、糖蔵、酢漬け ）

塩、砂糖は自由水（→ P160〜161）と結合する性質があります。つまり塩蔵と糖蔵は細菌が繁殖に必要な自由水を減らすことができるので、腐敗しにくいというわけです。酢は酸の働きによって菌のタンパク質を変化させ、増殖を抑えます。また pH 値を下げさせ、腐敗を抑えますし、O-157 のような細菌に対して殺菌効果もあります。塩蔵は梅干し、糖蔵はジャム、酢漬けはピクルス、マリネなどがあります。

（ その他 ）

缶詰、瓶詰はかなり前からポピュラーに使用されていますが、最近では包装材の開発・発展に伴いガス転換、脱酸素剤などを利用した包装も用いられるようになりました。その他にも燻煙は、木材の不完全燃焼によって生じる煙に殺菌・酸化防止効果があり、さらに独特の風味を与えます。また食品添加物として殺菌料、防カビ剤、酸化防止剤などが食品変質防止として用いられます。

3 殺菌

細菌を死滅させれば食中毒も防げるはずです。
その有効な方法を知って食中毒を予防しましょう。

食品の殺菌

(物理的方法)

加熱処理

ほとんどの菌は100℃以上の熱を5分間与えることで死滅するため、煮る、焼く、油で揚げるなどの調理加工で、十分に火が通っていれば殺菌できます。ただし、缶詰、瓶詰などはその食品の酸度によって加熱条件は変わります。牛乳などは完全な殺菌が望めないので、超高温殺菌法、高温短時間殺菌法、低温保持殺菌法（→ P84）などが行われます。

紫外線

食品工場の飲料原料水の殺菌に向いています。近年は食品にも用いられています。

(化学的方法)

食品添加物

微生物を瞬間、または短時間に殺菌するには通常、塩素系殺菌剤を使います。

アルコールまたはエタノール

主に固形または半固形食品の表面の消毒に使われています。また、臭気が残らないように有機酸などの殺菌向上剤を添加してアルコールの割合を減らした製品もあります。

機械と器具の殺菌

（ 物理的方法 ）

加熱

加熱消毒する前に、よく洗浄し、加熱殺菌を妨げるような食品成分は残さないようにするのが肝心です。煮沸あるいは蒸気殺菌した後は完全に乾燥させ、空中から落下してくる菌などが付着して、再び汚染されないようにしなければなりません。

殺菌法	温度	時間
煮沸	100℃	3分以上
熱湯	80℃以上	5分以上
蒸気	100℃	15分以上
熱風	80℃前後	30分以上

紫外線

表面殺菌に限られるので、包丁、まな板、容器などに利用できます。

（ 化学的方法 ）

塩素剤

殺菌用塩素剤として次亜塩素酸ナトリウム液を使います。ほとんどの家庭用漂白剤（台所用、洗濯用、ほ乳瓶殺菌など）には次亜塩素酸ナトリウム液が用いられています。さらし粉にも塩素が含まれており、こちらでも殺菌できます。

両性石鹸

いわゆる消毒用の石鹸。広領域の殺菌に効力があります。

アルコールまたはエタノール

食品加工の機械・器具・包装に、使用前に噴霧または塗布し、汚れを除去しておくようにします。手指の消毒にも使用できます。

第 7 章 練 習 問 題

問❶ 細菌にはおよそ何%の水分が含まれているか。次のうちから選びなさい。

① 約40％

② 約60％

③ 約80％

④ 約90％

問❷ 菌の発育に適した温度を何というか。次のうちから選びなさい。

① 発育至適温度

② 発育好適温度

③ 発育適至温度

④ 発育適正温度

問❸ 次のうち、食中毒や殺菌に関する記述として間違っているものはどれか。

① 食中毒の2割から3割は家庭で発生している

② ほとんどの菌は100℃以上の熱を5分与えることで死滅する

③ 再利用した揚げ物用の油が食中毒を引き起こすことがある

④ まな板や包丁などの表面殺菌には赤外線も有効である

問④ 細菌には呼吸により酸素を利用して増殖する好気性菌、発酵して増殖する嫌気性菌があるが、両方の特徴を持った菌を何というか。次のうちから選びなさい。

① 両性酸素菌
② 通性嫌気性菌
③ 変異体性菌
④ 酸素発酵菌

問⑤ 食中毒の原因の細菌性食中毒の中で、毒素型食中毒に当てはまる食品内で増殖して毒素を産出する菌はどれか。次のうちから選びなさい。

① サルモネラ菌
② 腸炎ビブリオ
③ ウエルシュ菌
④ 黄色ブドウ球菌

問⑥ 加熱による殺菌法はいくつかあるが、次の組み合わせのうち正しくないものはどれか。次のうちから選びなさい。

① 熱湯による加熱　80℃以上　5分以上
② 蒸気による加熱　100℃　15分以上
③ 煮沸による加熱　100℃　1分以上
④ 熱風による加熱　80℃前後　30分以上

問❶ -------- 答え③

水分は細菌の繁殖には不可欠である。また、菌体内の代謝は水分があるところで行われ、栄養分は水分に溶けた状態で吸収される。
（詳細→ P160）

問❷ -------- 答え①

細菌は低温菌、中温菌、高温菌の3種類に分類される。多くの細菌は中温菌に属し発育至適温度は37℃くらいである。
（詳細→ P161）

問❸ -------- 答え④

食中毒は家庭でも発生する。ほとんどの菌は100℃以上の熱を5分与えると死滅する。また、食品の変質にも十分注意すること。
（詳細→ P162 ～ 167）

問❹ -------- 答え②

サルモネラ菌、腸炎ビブリオ、赤痢菌の多くは通性嫌気性菌に属し、ウエルシュ菌、ボツリヌス菌などは嫌気性菌に属す。
（詳細→ P160～161）

問❺ -------- 答え④

食中毒の原因のうち、細菌性食中毒の原因となる食品内毒素型には、他にボツリヌス菌などがある。サルモネラ菌、腸炎ビブリオなどは細菌そのものにより起こる食中毒で感染型に、ウエルシュ菌は生体内毒素型に分類される。（詳細→ P162）

問❻ -------- 答え③

煮沸による加熱殺菌は3分以上行うこと。殺菌した後は完全に乾燥させ、空中からの菌が付着して、汚染されないよう注意しなければならない。（詳細→ P167）

模擬問題

「パンシェルジュ検定」は
100問で60分の試験です。
ここに掲載するのは、実際の試験で
使われた問題です。
本番の検定試験を受ける気持ちで
挑戦してみましょう。

パンシェルジュベーシック（3級）

試験

全100問

試験時間60分

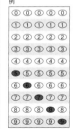

1. 監督員の指示があるまで、この問題を開いてはいけません。
2. 試験時間は60分です。
3. 解答用紙の受験番号欄には、必ず受験番号の下5桁をマークしてください。
   ※受験番号が正しくマークされていない場合は採点されません。
   例・受験番号が03-13-1-06-56789の場合 ⋯⋯⋯⋯⋯⋯⋯⋯
4. 試験時間中は受験票を机の上に置いてください。
5. マークはHB以上の黒鉛筆、またはシャープペンシルで黒くぬりつぶしてください
   （万年筆、ボールペンなどは使わないでください）。
6. 解答は別紙解答用紙の所定の欄に記入してください。
7. 解答欄には、各設問に対して1つだけ解答してください。
8. 誤ってマークした場合は、消しゴムで完全に消してからマークをしなおしてください。
9. 解答用紙に消しくずを残さないでください。
   採点時にマークを正常に読み取れない可能性があります。
10. 解答用紙を折ったり、破ったり、汚たりしないでください。
11. 監督員の指示がある場合を除き、解答用紙の所定欄、問題冊子以外への書き込みは
    しないでください。
12. 問題の内容については質問できません。
    印刷の不鮮明なところがあった場合は、手をあげて監督員に聞いてください。
13. 不正行為が発覚した場合は、合格認定後でも合格を取り消し、以後の受験をお断り
    する場合があります。

001　「内相」ともいう、パンの内側の中身の部分を何というか。

①クラスト
②クラム
③すだち
④骨格

002　小麦の原産地とされる「肥沃な三日月地帯」は、次のうちどの地域にあったか。

①北アメリカ
②東ヨーロッパ
③西アジア
④南アフリカ

003　パン用の粉を挽いたとされる臼や、丸パンが詰まったかまどが発掘されたポンペイは、当時のどの国の遺跡か。

①古代ローマ
②古代バビロニア
③古代ギリシャ
④古代エジプト

004　次のうち、古代ローマで発達した製パン技術がその後ヨーロッパ全土に広がった要因として正しいものはどれか。

①キリスト教の広まり
②地球温暖化
③イースト菌の発見
④黒パンの発明

005　ドイツのパン職人の国家資格制度で、「親方」にあたる資格を何というか。

①ゲセレ
②マイスター
③レアリング
④オーバー

006　ポルトガル人によって日本に「発酵パン」が伝えられたのは何世紀のことか。

① 12 世紀
② 14 世紀
③ 16 世紀
④ 18 世紀

007　次のうち、明治時代に横浜でイギリスパンの人気が高かった理由として適切でないものはどれか。

①イギリスパンが長期保存に適していた
②日本政府が親英政策をとっていた
③イギリスパンはフランスパンと比べて食べやすかった
④横浜にイギリス人居留者が多かった

008　次のうち、フランスのパンに関する記述として正しいものはどれか。

①クロワッサンは「パン・トラディショネル」に分類されるパンである
②パン・ド・ミの「ミ」は材料として入れる牛乳のことである
③ブリオッシュはマリー・アントワネットがフランスに伝えたパンである
④パン・ド・カンパーニュはもともと天然酵母だけで発酵して焼き上げたパンである

009　レーズンなどのドライフルーツがふんだんに入り、リッチで味わい深い、
イタリア・ミラノ発祥のクリスマス用菓子は何か。
①パネトーネ
②チャバッタ
③パンドーロ
④ロゼッタ

010　次のうち、ロシアを代表するパン「黒パン」に関する記述として適切で
ないものはどれか。
①成形（型）が難しくワンローフ形が多い
②発酵までに時間がかかる
③ふんわり軽く甘みがある
④粗挽きのライ麦が主原料である

011　ドイツの代表的なパン「ヴァイツェンミッシュブロート」と「ロッゲン
ミッシュブロート」の違いは何か。

①中種法かサワー種法かの違い
②ライ麦粉と小麦粉の割合の違い
③直方体か楕円形かの違い
④作られる地方による呼び名の違い

012　イギリス・ビクトリア王朝の時代に広まった「クリームティー」といえば、
紅茶とともに何を食べる習慣か。

①サンドイッチ
②イングリッシュマフィン
③ティンブレッド
④スコーン

013　三つ編みのような形をしており、「編み込み」という意味の名がつけられた、スイスなどのドイツ文化圏でポピュラーなパンは何か。

①ツオップ
②タイガーブロート
③テッシーナブロート
④ビューリーブロート

014　次のデンマークを代表するパンのうち、「デニッシュペストリー」に分類されないものはどれか。

①ティビアキス
②カイングラ
③ダンスク・ループロード
④スモー・スナイル

015　フィンランドで主食として食べられている、全粒のライ麦粉を使った平たいリング状のパンは何か。

①ペルナリンプ
②カレリアン・ピーラッカ
③インジェラ
④ハパンレイパ

016　次のうち、「ベーグル」に関する記述として正しいものはどれか。

① 18 世紀ごろスラブ人の間で食べられるようになった
②焼く直前に生地を一度熱湯にくぐらせる
③卵と牛乳をたっぷり使ったリッチなパンである
④アメリカでの人気はロサンゼルスで火がついた

017　次のうち、タコスなどでおなじみのメキシコの薄焼きパン「トルティーヤ」の原料となるものはどれか。

①トウモロコシ
②小麦
③ピーナッツ
④コメ

018　小麦粉、イースト、塩のみでつくるシンプルな食事パン「バル・バリ」はどこの国のパンか。

①バングラデシュ
②イラン
③アフガニスタン
④トルコ

019　次のうち、「チャパティ」についての記述として間違っているものはどれか。

①主にインド、パキスタン、ネパールなどで食べられている
②薄い円形の全粒粉パンである
③「チャパティ」はペルシャ語で「パン類」という意味である
④主食として各家庭で焼いて食べられている

020　次の中国のパンのうち、無発酵の生地を焼いて作るパンはどれか。

①饅頭（マントウ）
②花巻（ホワチュアン）
③包子（パオズ）
④薄餅（パオピン）

021　日本であんパンが考案されたのは何時代か。

①江戸時代
②明治時代
③大正時代
④昭和時代

022　カレーパンは、昭和2年に東京の名花堂（現・カトレア）が考案したパンだが、ヒントとなった食べ物は何か。

①とんカツ
②サンドイッチ
③ピザ
④ハンバーグ

023　安土桃山時代に渡来した南蛮菓子がルーツともいわれる、発酵させずに作る菓子パンは何か。

①サンライズ
②甘食
③チョココロネ
④コッペパン

024　次のうち、「リッチなパン」の説明として正しいものはどれか。

①「リッチ」は「コクのある」などの意味で使われている
②小麦粉本来の風味を味わうことができるパンである
③バゲットなど欧風の食事パンのほとんどがリッチなパンである
④粉、水、塩、イーストだけで作るパンのことである

025　次のうち、欧風の食事パンによくみられる「堅焼きパン」にあたる
　　　ものはどれか。

　　　①ブレッチェン
　　　②角食パン
　　　③カンパーニュ
　　　④バターロール

026　次のおやつパンの分類のうち、パネトーネはどれに該当するか。

　　　①菓子パン
　　　②デニッシュペストリー
　　　③蒸しパン
　　　④発酵菓子

027　一般に、普通の白い食パンや食卓パン以外のすべての食事用パンを
　　　総称して何というか。

　　　①アレンジブレッド
　　　②バラエティブレッド
　　　③アソートブレッド
　　　④バリエーションブレッド

028　小麦粉に水を加えるとできる、小麦粉最大の特徴である網目構造を
　　　何というか。

　　　①グルコース
　　　②グルテン
　　　③デキストリン
　　　④グルテニン

029　小麦粉の成分で、大部分がでんぷんで、少量の少糖類を含み、発酵の際にイーストの栄養として分解されるものは何か。

①タンパク質
②脂質
③炭水化物
④灰分

030　次のうち、小麦粉中のタンパク質「グリアジン」の性質として正しいものはどれか。

①粘着力が強く伸びやすい
②粘着力が弱く伸びにくい
③弾力に富み伸びにくい
④弾力が乏しく伸びやすい

031　小麦粉は用途によって加える水の分量が変わるが、「バッター」をつくる場合、小麦粉に対する水の割合はどのくらいか。

① 45%
② 60%〜70%
③ 2倍
④ 5倍〜20倍

032　小麦を「硬質小麦」と「軟質小麦」に分ける場合、その基準となるのは何の硬さか。

①表皮
②胚芽
③茎
④胚乳

---

033 次のうち、準強力粉が「フランス粉」と呼ばれる理由として正しい
ものはどれか。

①フランス産のものが主流だから
②フランパンなどハード系のパンに向いているから
③フランスで開発された粉だから
④フランスの伝統菓子に使われていたから

---

034 次のうち、「小麦全粒粉」に関する記述として正しいものはどれか。

①主にパスタの原料として用いられている
②水分の抜けが少なく、日持ちする
③小麦粉に比べて栄養価が高い
④小麦全粒粉100%のパンはやわらかく仕上がる

---

035 次のうち、日本人好みのライ麦パンを作るための小麦粉とライ麦粉
の配合として適切なものはどれか。

①小麦粉0％、ライ麦粉100%
②小麦粉20%、ライ麦粉80%
③小麦粉50%、ライ麦粉50%
④小麦粉70%、ライ麦粉30%

---

036 パンを膨らませる重要な役割を担うイーストは、熱に弱い性質があ
るが、何℃以上になると死滅してしまうか。

① 60℃
② 70℃
③ 80℃
④ 90℃

037　イーストは大きく「生イースト」「ドライイースト」「インスタントドライイースト」に分けられるが、次のうち「ドライイースト」の形状として適切なものはどれか。

①サイコロ状
②顆粒状
③板状
④球体状

038　次のうち、天然酵母の「酒種」の原料となるものはどれか。

①米と麹
②ホップと麹
③米とレーズン
④強力粉と米

039　次のうち、「発酵力は比較的安定」「軽い苦味とアルコール臭があり、味は淡泊」「シンプルなパンに適している」という特徴がある自家製酵母はどれか。

①レーズン種
②果実種
③ホップ種
④ヨーグルト種

040　次のうち、パンにとって「主材料」ではなく「副材料」となる材料はどれか。

①水
②塩
③酵母
④砂糖

041　次のうち、パンづくりで使用する水に関する記述として正しいものはどれか。

①水道水はそのまま使ってはいけない
②軟水はグルテンをよく引き出すので、適している
③硬水は沸騰させてから使用するとよい
④もっとも適しているのは発酵を促すアルカリイオン水である

042　次のうち、塩が持つ特徴であり、パンづくりにも影響する性質として正しいものはどれか。

①腐敗しやすい
②吸湿性が高い
③高温に弱い
④においを吸着しやすい

043　次のうち、パンづくりで塩を入れすぎてしまった場合に起こることとして正しいものはどれか。

①発酵に時間がかかってしまう
②異常にベタつく生地になる
③生地はいったん膨らむが、すぐにしぼんでしまう
④焼成の際に焼き色がつかなくなる

044　次のうち、パンづくりにおける砂糖の役割として適切でないものはどれか。

①パンに甘みをつける
②パンに焼き色をつける
③パンのクラストをバリッとさせる
④パンの老化を遅くする

045　蒸しパンなどに使われる砂糖で、黒糖を主原料とし、苦みやアクを取り除いたソフトな甘さを特長とするものは何か。

①きび砂糖
②三温糖
③グラニュー糖
④上白糖

046　次のうち、パンづくりにおける油脂の役割として正しいものはどれか。

①生地を引き締める
②酵母の栄養となる
③焼き色をよくする
④生地の潤滑剤になる

047　次のうち、パン生地を作る際の油脂の加え方として正しいものはどれか。

①常温のペースト状態で加える
②イーストに混ぜて加える
③ボリュームを出すときは全体の20％の量を加える
④最初に粉と水と一緒に加える

048　次のうち、マーガリンに関する記述として間違っているものはどれか。

①バターの代用品として発明された
②大豆油・コーン油を原料とする植物性油脂である
③食用油脂含有量は50％以下である
④バターよりも安価で菓子パンなどによく使われる

049　次のうち、独特のコクがあり、パンづくりに使うとサクサクとした仕上がりになる油脂はどれか。

①ファットスプレッド
②ラード
③ショートニング
④サラダオイル

050　次のうち、パンづくりにおける乳製品の働きとして間違っているものはどれか。

①栄養を強化する
②発酵を促進する
③味、香りをよくする
④老化を遅らせる

051　次の乳製品のうち、日本では法律上販売できないものはどれか。

①生乳
②牛乳
③脱脂粉乳
④加工乳

052　牛乳にもっとも多く含まれる、「乳糖」とも呼ばれる糖質はどれか。

①セルロース
②ショ糖
③ラクトース
④デキストリン

053 次のうち、乳製品の保存に関する記述として適切でないものはどれか。

①乳製品は賞味期限が短く、デリケートな食材である
②牛乳・生クリームは腐敗しやすいため必ず冷蔵庫で保存する
③周囲のにおいを吸収しやすいため、密閉容器で保存する
④粉乳は湿気がこもらないよう通気性の良い袋で保存する

054 卵は、良質なタンパク質のほか、ビタミンA・鉄・カルシウムなどを豊富に含み栄養価のバランスがよいことから何と呼ばれているか。

①優良栄養食品
②完全栄養食品
③推奨栄養食品
④補助栄養食品

055 次のうち、パンづくりにおいて、卵に含まれるレシチンの働きとして正しいものはどれか。

①生地を引き締める
②雑菌の繁殖を防ぐ
③イーストの働きを促す
④老化を遅らせる

056 次のうち、果実の皮を砂糖で煮詰めた「オレンジピール」「レモンピール」がよく入れられるパンはどれか。

①クグロフ
②シャンピニオン
③チャバッタ
④プンパニッケル

057　バラエティーパンやフランスパンのフィリングなどに使われる、ナチュラルチーズを加熱・加工したチーズを何というか。

①シュレッドチーズ
②ウォッシュドチーズ
③プロセスチーズ
④フレッシュチーズ

058　次のうち、砂糖を多く使ったパンに使用すると甘さを引き立てる効果がある、クスノキ科の常緑樹からとれるハーブ・スパイスはどれか。

①ポピーシード
②ゴマ
③ローズマリー
④シナモン

059　次のうち、パンを作る際に添加するビタミンCの働きとして正しいものはどれか。

①発酵を促進する
②釜伸びを助け、すだちのよいパンにする
③保存性をよくする
④焼き色を向上させ風味をよくする

060　次のうち、軽くて扱いやすいため、計量に使うボウルに適しているのはどれか。

①プラスチック製のもの
②ガラス製のもの
③陶器製のもの
④ステンレス製のもの

061　次のうち、パンづくり用の「こね杓子」の特徴として正しいものはどれか。

①ヘラ部分がおたまのような形になっている
②ヘラ部分がフォークのように分かれている
③ヘラ部分に丸い穴が開いている
④ヘラ部分がステンレス製になっている

062　次のうち、成形（型）時に「クープナイフ」を用いるパンはどれか。

①バゲット
②シュトーレン
③ピロシキ
④フォカッチャ

063　次のうち、パンの仕上げのひとつ「グラズール」に用いる道具はどれか。

①スケッパー
②はさみ
③ブレッチェン棒
④ハケ

064　次のうち、焼き上がったパンの粗熱をとる時に、パンをのせる道具として適切なものはどれか。

①キャンバス
②網
③クッキングシート
④ラップ

065　次のうち、パンの製法のひとつ「ストレート法」に関する記述として間違っているものはどれか。

①全材料を一度に混ぜて生地作りをする
②ホームベーカリーで多く用いられる
③比較的作業時間が短い
④やや老化が遅い

066　パンの製法で、「ノーパンチ法」といえば何の過程を省略する製法か。

①ガス抜き
②分割、丸め
③ベンチタイム
④最終発酵

067　日本の大手製パン会社のほとんどが採用している「中種法」は、1950年代にどこの国で開発されたか。

①フランス
②イタリア
③アメリカ
④ドイツ

068　次のうち、発酵方法として「サワー種法」が最も適しているパンはどれか。

①フランスパン
②食パン
③ライ麦パン
④菓子パン

069 次のうち、サワー種を使ったパンの一般的な工程についての記述として間違っているものはどれか。

①生地作りのときにイーストを添加する
②発酵は短時間で行う
③成形（型）は大きな丸形のままで、クープを入れる
④生地の色が濃いので焦げないように低めの温度で焼成する

070 別名「液種法」や「水種法」ともいう、水分量が多いため発酵が早く進むという特徴を持つ製法は何か。

①スポンジ法
②ポーリッシュ法
③オーバーナイト法
④アンザッツ法

071 次のうち、「老麺法」の「老麺」についての正しい説明はどれか。

①生地を麺のように細く伸ばしたもの
②天然酵母を使った発酵種
③イーストを使った中種を一晩かけて低温発酵させたもの
④残った生地を麺として使うこと

072 次のうち、全分量の粉を使って中種を作る「100％中種法」の長所として正しいものはどれか。

①生地の温度などの管理がしやすくなる
②パンの老化が遅くなる
③工程時間が短くなる
④パンの食感、風味が改善される

073 小麦粉 250g に対して砂糖 8g を使用してパンを作る場合、砂糖の
ベイカーズ・パーセントは何%になるか。

① 2 %
② 3.2%
③ 4 %
④ 6.4%

074 次のうち、春・秋にパンの生地作りをする場合の水温として適切な
温度はどれか。

①約 10℃
②約 30℃
③約 50℃
④約 70℃

075 次のうち、生地作りの際の、材料の混ぜ終わりの目安として正し
いものはどれか。

①まとわりつくようなベッタリした状態
②指で押した際にガスが抜ける状態
③粉がそぼろ状にぽろぽろになった状態
④ひとかたまりで持ち上げられる状態

076 次のうち、パン生地をこねるときの注意点として間違っているもの
はどれか。

①バターを加える場合、バターは液状に溶かしておくとよい
②長時間かけると生地が乾燥してしまうので、集中して一気にこね
る
③グルテンがちゃんとできるよう、しっかりこねる
④食感を出したい場合は、生地をこね台に叩きつけて引き締まった
生地に仕上げる

077　家庭でパンづくりをする場合、一次発酵は何℃で行うのが最適か。

① 15℃
② 30℃
③ 45℃
④ 60℃

078　次のうち、湯せんで一次発酵をするときの温度調節方法として適切なものはどれか。

①ドライヤーをあてる
②ラップを開け閉めする
③ボウルごとオーブンに入れる
④お湯の温度を調整する

079　一次発酵を低温で長時間かけて行う「長時間発酵」で、発酵終了までの時間はおよそどのくらいか。

①約2時間
②約8時間
③約16時間
④約24時間

080　次のうち、一次発酵で発酵過多になってしまった場合に関する記述として間違っているものはどれか。

①フィンガーテストで、指で押した部分が戻ってくる
②発酵過多の生地でパンを作るとうまく膨らまない
③生地からアルコール臭がする
④生地を伸ばしてピザにするなど応用するとよい

081　次のうち、一次発酵後に行う「ガス抜き」の目的として正しいものはどれか。

①生地のコシを強くする
②成形（型）しやすくする
③生地の熟成を促進させる
④イーストの働きを抑える

082　次のうち、丸パンを作る際の丸めの工程で、強く締めたパンほど必要となる処置として正しいものはどれか。

①霧吹きを使って水分を補給する
②ベンチタイムを長めにとり、生地を休ませる
③成形（型）時にしっかりガス抜きする
④最終発酵を長くし、生地をゆるませる

083　次のうち、ベンチタイムについての記述として適切でないものはどれか。

①生地を休ませることで、伸びがよくなり成形（型）しやすくなる
②生地と生地はすき間なく並べるようにする
③ベンチタイム中は生地を水に濡らさないようにする
④ベンチタイム中も生地は多少膨らむ

084　次のうち、丸パンのような小型のパンのベンチタイムとして適切な時間はどれか。

①3分〜5分
②15分〜20分
③30分〜40分
④60分〜90分

085　次のうち、成形（型）の目的として正しいものはどれか。

①生地の乾燥を防ぐ
②グルテンが強化される
③口当たりがよくなる
④発酵を抑制する

086　次のうち、成形（型）した丸パンの生地を天板に並べるときのとじ目の状態として適切なものはどれか。

①とじ目が上になるように並べる
②とじ目が下になるように並べる
③とじ目を上下交互になるように並べる
④とじ目を気にする必要はない

087　次のうち、ロールパンの成形（型）に関する記述はどれか。

①生地を手で覆い、転がしながら丸める
②生地を長方形に伸ばし端から巻いて型に入れる
③生地を手のひらで平らにし、丸めたあんをのせる
④めん棒を使って生地を平らなしずく形に伸ばす

088　次の最終発酵の方法のうち、特に乾燥に気をつける必要があるものはどれか。

①ポリ袋
②オーブン
③発酵器
④湯せん

089　次のうち、パンを焼成する目的として正しいものはどれか。

①パンの食感をよくする
②水分を蒸発させて保存性を高める
③熟成によってパンの風味を増す
④炭酸ガスを抜いて形を整える

090　次のうち、パンを焼成する際のコツと注意点に関する記述として適切でないものはどれか。

①焼き上がったパンは網の上で冷ます
②庫内に生地の重量が均一に収まるように天板に並べる
③オーブンは必ず予熱する
④焼き上がりは高温なので、少しおいてから型からはずす

091　パンの焼成において、パン生地は温度の上昇とともに変化していくが、次のうちパン生地に起こる現象が正しい順番に並んでいるものはどれか。

①釜伸び→酵素活動の停止→メイラード反応→キャラメル化反応
②メイラード反応→釜伸び→キャラメル化反応→酵素活動の停止
③キャラメル化反応→メイラード反応→酵素活動の停止→釜伸び
④酵素活動の停止→キャラメル化反応→釜伸び→メイラード反応

092　次のうち、パンづくりの作業場や使用する道具の除菌方法として適切なものはどれか。

①紫外線消毒
②アルコール消毒
③日光消毒
④塩素剤消毒

093　次のうち、生地に混ぜ込むドライフルーツ類の扱いに関する記述
として正しいものはどれか。

①ドライフルーツは生地に混ぜる5分前に水に浸す
②生地のグルテンが形成される前に投入する
③平らにした生地にのせ、包み込むようにして混ぜる
④ラム酒漬けのドライフルーツは水切りせずに生地に混ぜる

094　次のうち、パンを保存するときにしっかりと密封したほうがよい理
由として適切なものはどれか。

①形が変形しやすい
②においを吸収しやすい
③湿気を吸収しやすい
④色が変わりやすい

095　次のうち、パンとワインに関する記述として間違っているものはど
れか。

①パンもワインも発酵食品である
②パン、ワインと「おいしい三角関係」にある食品はチーズである
③パンとワインは『最後の晩餐』にも描かれた
④ライ麦パンに合うワインは赤よりも白である

096　ジャムとの相性がよいとされるシェブールチーズは、何の乳からつ
くられるチーズか。

①ヤギ
②スイギュウ
③ウシ
④ヒツジ

097　次のうち、フランス料理のコース（正餐）におけるパンのマナーとして間違っているものはどれか。

①パンはスープが終わったタイミングで食べる
②パンは手で一口大にちぎって食べる
③テーブルにちらばったパンくずを集める
④好きなパンをおかわりする

098　菌の発育に適した温度を「発育至適温度」というが、多くの細菌が属する中温菌の発育至適温度はおよそ何℃か。

① 17℃
② 27℃
③ 37℃
④ 47℃

099　食品の変質の防止方法で、次のうち「酢漬け」が用いられているものはどれか。

①梅干し
②ジャム
③煮干し
④マリネ

100　広い領域の殺菌に効力を発揮する、消毒用の石鹸を何というか。

①両性石鹸
②アルカリ性石鹸
③中性石鹸
④酸性石鹸

解　答

問題番号	答え	参照ページ
001	②	p8
002	③	p10
003	①	p13
004	①	p14
005	②	p15
006	③	p16
007	①	p17
008	④	p24
009	①	p28
010	③	p29
011	②	p31
012	④	p33
013	①	p34
014	③	p36
015	④	p38

問題番号	答え	参照ページ
016	②	p41
017	①	p39
018	②	p44
019	③	p42
020	④	p43
021	②	p47
022	①	p48
023	②	p49
024	①	p50
025	③	p51
026	④	p53
027	②	p53
028	②	p58
029	③	p59
030	①	p60

問題番号	答え	参照ページ	問題番号	答え	参照ページ
031	③	p61	046	④	p78
032	④	p62	047	①	p79
033	②	p63	048	③	p81
034	③	p64	049	②	p81
035	④	p65	050	②	p82
036	①	p66	051	①	p83
037	④	p68	052	③	p84
038	①	p70	053	④	p85
039	③	p71	054	②	p86
040	④	p71-76	055	④	p87
041	②	p73	056	①	p88
042	②	p75	057	③	p89
043	①	p75	058	④	p90
044	③	p76	059	②	p91
045	①	p77	060	①	p92

解　答

問題番号	答え	参照ページ	問題番号	答え	参照ページ
061	③	p93	076	①	p121
062	①	p94	077	②	p122
063	④	p95	078	④	p123
064	②	p96	079	②	p124
065	④	p102	080	①	p125
066	①	p102-103	081	③	p126
067	③	p104	082	②	p128
068	③	p106	083	②	p131
069	④	p107	084	②	p131
070	②	p108	085	③	p132
071	③	p110	086	②	p133
072	④	p111	087	④	p135
073	②	p117	088	②	p137
074	②	p118	089	①	p138
075	④	p119	090	④	p139

問題番号	答え	参照ページ
091	①	p140-141
092	②	p142-167
093	③	p142-143
094	②	p149
095	④	p150
096	①	p153
097	③	p154-155
098	③	p161
099	④	p165
100	①	p167

索 引

索引

ま

＊撮影協力 (50 音順)

イエンセン (デンマークパン)
〒 151-0062　東京都渋谷区元代々木町4-2
☎ 03-3465-7843

グリューネ・ベカライ (スイスパン)
〒 156-0041　東京都世田谷区大原2-17-15
☎ 03-3324-5562
http://www.ne.jp/asahi/wweg/gorey/grune.html

クレセント＆モーリー
〒 143-0011　東京都大田区大森本町2-7-24
☎ 03-6423-0464
🄯 crescent_and_molly

ショーマッカー (カイザーゼンメル)
〒 145-0062　東京都大田区北千束1-59-10
☎ 03-3727-5201
http://www.shomaker.jp

ムーミンベーカリー＆カフェ 東京ドームシティ ラクーア店 (フィンランドパン)
〒 112-0003　東京都文京区春日1-1-1　東京ドームシティ・ラクーア1F
☎ 03-5842-6300
©Moomin Characters™

＊参考文献

『パンの基本大図鑑』大阪あべの辻製パン技術専門カレッジ監修／講談社
『パンの事典』井上好文監修／旭屋出版
『チーズ事典』村上重信監修／日本文芸社
『新しい製パン基礎知識 再改訂版』竹谷光司著／パンニュース社
『Bread：パンを愛する人の製パン技術理論と本格レシピ』ジェフリー・ハメルマン著／旭屋出版
『酵母から考えるパンづくり』志賀勝栄著／柴田書店
『パン「こつ」の科学：パン作りの疑問に答える』吉野精一著／柴田書店
『おいしいパンの教科書』ホームメイド協会著／主婦と生活社
『パン作りQ＆A　上達への近道！』田辺由布子著／文化出版局
『イチバン親切なパンの教科書：豊富な手順写真で失敗ナシ！』坂本りか著／新星出版社
『パンづくりテキスト』エコール・キュリネール大阪あべの辻製パン技術専門カレッジ編／柴田書店
『小麦粉のはなし』製粉振興会著／製粉振興会
『小麦粉の魅力　改訂版：豊かで健康な食生活を演出』製粉振興会著／編
『Fixingと一緒に楽しむ　Zopfが焼くライ麦パン』伊原靖友著／柴田書店
『少しのイーストでゆっくり発酵パン：こんな方法があったんだ。おいしさ再発見！』高橋雅子／パルコエンタテイメント事務局
『藤田千秋のおいしいパン教室：“基本の生地”とちょっとのコツで、みるみるふくらむ本格レシピ』藤田千秋著／主婦と生活社
『パンの歴史』ウィルヘルム・ツィアー著／同朋舎出版
『素敵なパンの世界』灘吉利晃著／講談社
『パンの事典：おいしいパンのある幸せな生活』成美堂出版編集部編
『手作りパン工房』島津睦子著／グラフ社
『天然酵母：歴史とパンづくりへの応用』灘吉利晃著／ホームメイド協会
『パンへの道』ホームメイド協会編著／ホームメイド協会
『いちばんくわしいパン事典』東京製菓学校監修／世界文化社
『おうちで作る世界のパン』パンシェルジュ検定運営委員会編／実業之日本社
『世界のおいしいパン手帖』東京製菓学校監修／世界文化社
『世界のかわいいパン』井上好文監修／パイ インターナショナル
『パン語辞典』ぱんとたまねぎ著／誠文堂新光社

監修：株式会社ホームメイドクッキング

「手づくりで『食の安全と健康』を広めること」をテーマに、1973年創設以来、基礎となる技術と素材にこだわった、パンづくり他多数のコースを全国の教室で展開しています。

https://www.homemade.co.jp/

装　丁 ： 坂井栄一（坂井図案室）

撮　影 ： 中里慎一郎　木藤富士夫

イラスト ： momo　ほしのちなみ

写真協力 ： 株式会社ホームメイドクッキング　パナソニック株式会社

パン制作 ： クレセント＆モーリー　加藤美弥子　畔柳加代子

ロケ協力 ： クレセント＆モーリー

編集・執筆 ： 高 浩美　高橋さやか　石飛千尋　ジーグレイプ株式会社
　　　　　　小川 香（2nd Birthday）

パンシェルジュ検定　3級公式テキスト　改訂新版

2021年10月25日　初版第1刷発行
2024年2月28日　初版第4刷発行

監修者：ホームメイドクッキング

発行者：岩野裕一

発行所：株式会社実業之日本社

　　　　〒107-0062　東京都港区南青山 6-6-22 emergence 2

　　　　電話（編集部）03-6809-0452　（販売部）03-6809-0495

　　　　https://www.j-n.co.jp/

印刷・製本：大日本印刷株式会社

© HOME MADE COOKING 2021 Printed in Japan

ISBN978-4-408-42112-4（書籍管理）